LE SOURIRE

TRAVAUX DU LABORATOIRE DE PSYCHOLOGIE
DE L'ASILE SAINTE-ANNE

LE SOURIRE

PSYCHOLOGIE ET PHYSIOLOGIE

PAR

GEORGES DUMAS

Chargé du cours de psychologie expérimentale à la Faculté des Lettres
de l'Université de Paris.

AVEC 19 FIGURES DANS LE TEXTE

PARIS

FÉLIX ALCAN, ÉDITEUR

LIBRAIRIES FÉLIX ALCAN ET GUILLAUMIN RÉUNIES

108, BOULEVARD SAINT-GERMAIN, 108

1906

A

M. THÉODULE RIBOT

*Hommage d'un disciple respectueux
et reconnaissant.*

GEORGES DUMAS

TABLE DES MATIÈRES

LE SOURIRE

CHAPITRE PREMIER
LE NERF FACIAL

La plupart des expériences que je rapporte et des explications que je propose au sujet du sourire, supposant connues les fonctions, l'origine, le trajet et les subdivisions diverses du nerf facial, je crois utile de rappeler d'abord, sous une forme succincte, les connaissances que nous avons à l'heure actuelle sur l'anatomie et la physiologie de ce nerf.

Le facial naît du bulbe, dans la fossette sus-olivaire par deux racines, l'une interne, l'autre externe.

La racine interne, la plus grosse, constitue le facial proprement dit; la racine externe, qui prend naissance entre la précédente et celle du nerf auditif constitue l'intermédiaire de Wrisberg qui se continue, à travers le ganglion géniculé, par la corde du tympan, se distribue à la langue, aux glandes sous-maxillaire et sublinguale et, vasodilatateur pour ces trois organes, est sécréteur pour les deux glandes et gustatif pour la langue. L'opinion qui prévaut est que ce nerf de Wrisberg, racine sensitive du facial, est un faisceau erratique de la IXe paire (les glossopharyngiens); et comme il ne peut concourir directement, par aucune de ses fonctions, à l'expression motrice du sourire, nous ne nous en occuperons pas ici.

Reste le facial proprement dit dans lequel on peut distinguer, pour la commodité de l'analyse, un trajet extrabulbaire et un trajet intrabulbaire.

Dans son trajet extrabulbaire, le facial, parti de la fosse sus-olivaire, se porte en haut, en avant et en dehors pour gagner le conduit auditif interne, où il chemine avec le nerf auditif et l'intermédiaire de Wrisberg. Arrivés au fond du conduit, ces trois nerfs se séparent; le facial et le nerf de Wrisberg pénètrent dans l'aqueduc de Fallope et se dirigent, sur un trajet de quatre ou cinq millimètres, perpendiculairement à l'axe du rocher; là le nerf de Wrisberg se perd dans le ganglion géniculé, d'où partent les fibres qui s'accolent au facial pour s'en séparer plus loin sous le nom de corde du tympan [1].

Au delà du ganglion, le facial s'infléchit, devient parallèle à l'axe du rocher et, après un trajet d'un centimètre de longueur, se recourbe de nouveau et, se dirigeant presque verticalement vers le bas, sort du crâne par le trou stylo-mastoïdien. Il s'infléchit alors une fois de plus pour gagner obliquement et en bas le bord parotidien de la mâchoire où il s'immerge dans la parotide et s'y subdivise en deux branches, les branches temporo-faciale et cervico-faciale (fig. 1). Ces deux branches plongées, à leur origine, dans l'épaisseur de la parotide se subdivisent à leur tour en un très grand nombre de filets terminaux.

La première donne naissance à un certain nombre de filets dont les noms seuls indiquent nettement la terminaison. Ce sont :

a. Des filets temporaux ;

b. Des filets frontaux ;

c. Des filets palpébraux ;

---

1. En réalité, le ganglion géniculé peut être considéré comme un ganglion cérébro-spinal qui joue, par rapport à la partie sensitive du facial, le même rôle que les ganglions des racines sensitives de la moelle jouent par rapport à la partie sensitive des nerfs rachidiens. Les neurones qui le constituent émettent des prolongements périphériques qui cheminent avec le facial et des prolongements centraux qui vont se mettre en rapport avec un noyau gris du bulbe.

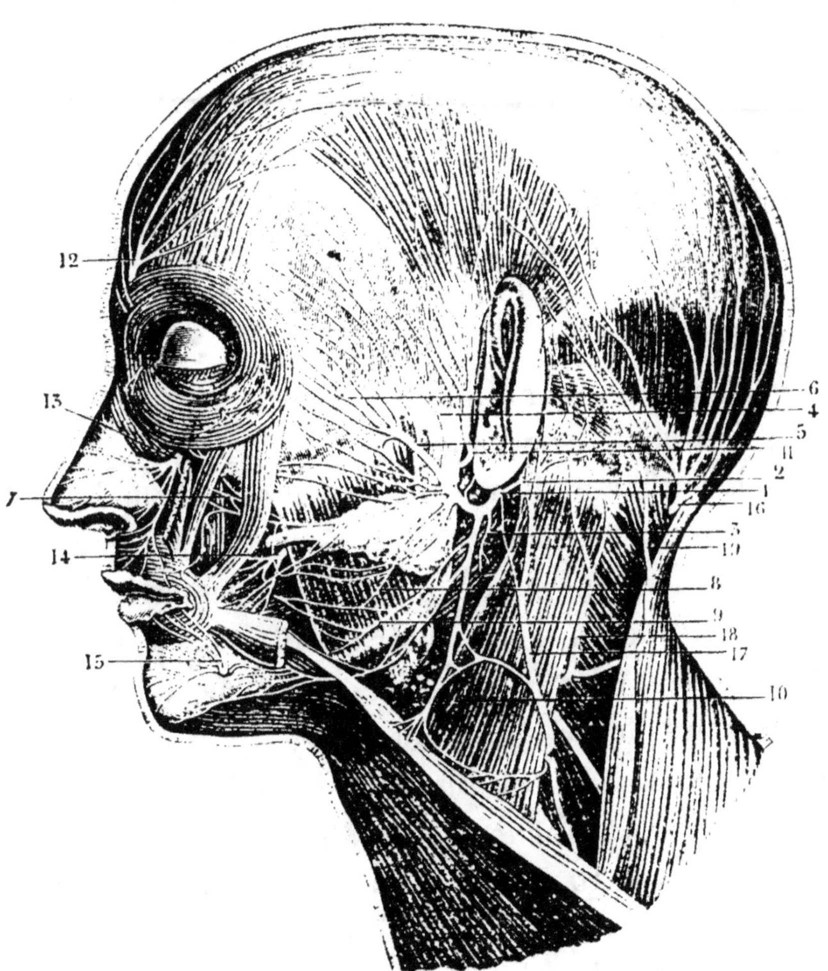

Fig 1. — Nerf facial.

1. Tronc du nerf facial sortant de l'aqueduc de Fallope. — 2. Nerf auriculaire postérieur. — 3. Rameau du digastrique. — 4. Rameaux temporaux. — 5. Rameaux frontaux. — 6. Rameaux palpébraux. — 7. Rameaux nasaux. — 8. Rameaux buccaux. — 9. Rameaux mentonniers. — 10. Rameaux cervicaux. — 11. Nerf temporal superficiel. — 12. Nerf frontal. — 13. Rameau sous-orbitaire du maxillaire supérieur. — 14. Rameau buccal du maxillaire supérieur. — 15. Rameaux mentonniers du nerf dentaire inférieur. — 16. Branche postérieure de la deuxième paire cervicale. — 17. Rameau auriculaire du plexus cervical. — 18, 19. Rameaux mastoïdiens du plexus cervical. (D'après Debierre *Traité élémentaire d'anatomie*. Paris, Félix Alcan.)

d. Des filets nasaux ou sous-orbitaires;

e. Des filets buccaux supérieurs.

La branche cervicale, suivant la direction du tronc dont elle émane, se porte obliquement en bas et en avant, et, arrivée à l'angle du maxillaire inférieur, se partage en rameaux divergents où l'on distingue trois groupes :

a. Des filets buccaux inférieurs;

b. Des filets mentonniers;

c. Des filets cervicaux.

Indépendamment de ces branches terminales, le facial fournit, soit à l'intérieur, soit à l'extérieur du rocher, plusieurs branches collatérales parmi lesquelles six se distribuent à des muscles. Nous aurons l'occasion de reparler de quelques-unes bien qu'elles soient très loin d'avoir, dans l'expression du sourire, la même importance que les branches terminales.

Ainsi constitué dans sa partie extrabulbaire et considéré surtout dans ses branches terminales, le facial préside à la plupart des mouvements de la face dont il innerve les muscles ainsi que tous les muscles peauciers de la tête et du cou; c'est à cause de ces fonctions qu'un certain nombre de physiologistes le désignent parfois sous le nom de nerf de la physionomie ou de nerf de l'expression, mais ces désignations, impliquant une conception finaliste de l'expression, peuvent prêter à des malentendus ou donner naissance à des erreurs. Le nom de facial a cela de bon qu'il désigne un nerf de la face et rien de plus.

Dans le bulbe, le noyau d'origine du facial est situé aux limites de la protubérance et du bulbe; il fait partie de la colonne grise qui continue vers l'encéphale le groupe cellulaire antéro-externe de la corne antérieure de la moelle. Les fibres qui en sortent se dirigent d'abord en arrière et en dedans, descendent ensuite verticalement le long du plancher du quatrième ventricule, puis, se recourbant, se dirigent en bas, en avant et en dehors pour émerger dans la fossette sus-olivaire, à côté et en dedans du nerf de Wrisberg.

On décrivait encore, il y a quelques années, un noyau du facial supérieur, c'est-à-dire un noyau spécial pour les fibres qui innervent le muscle frontal, le sourcilier et l'orbiculaire des yeux, et l'on appuyait cette distinction sur certains faits cliniques que la physiologie des centres nerveux semblait confirmer. Tout porte à croire aujourd'hui, d'après les travaux de M. Marinesco [1] et de M. Van Gehuchten [2], que

1. *Revue générale des Sciences*, 1898, p. 775 et *Revue de Médecine*, 1899, p. 285.
2. *Revue Neurologique*, 1898, p. 553.

cette distinction n'était pas fondée anatomiquement; c'est tout au plus si l'on peut admettre que le noyau du facial supérieur forme un segment distinct dans le noyau commun et conserve, de ce fait, une certaine autonomie.

Le noyau d'origine du facial est en relations anatomiques et physiologiques avec un centre cortical situé au niveau de la partie inférieure de la zone rolandique, au-dessus du centre de l'hypoglosse. La voie motrice centrale, cortico-protubérantielle, formée par les prolongements cylindraxiles des cellules du centre cortical, forme avec les fibres homologues de l'hypoglosse et du masticateur le faisceau géniculé; les fibres du facial passent donc, avec ce faisceau, par le genou de la capsule interne et suivent avec lui le pédoncule cérébral; arrivées à l'étage ventral de la protubérance, elles franchissent la ligne médiane au niveau de la partie moyenne et viennent se terminer dans le noyau protubérantiel du côté opposé.

D'après une opinion répandue, l'existence d'un noyau, ou tout au moins d'un segment nucléaire, distinct pour le facial supérieur impliquerait l'existence d'un centre cortical également distinct. Mais M. Marinesco n'admet pas plus l'existence de ce centre que l'existence d'un noyau supérieur et M. Wertheimer fait remarquer [1] que d'après la topographie des centres corticaux de Beevor et Horsley, on sait depuis longtemps déjà [2] que le centre de l'occlusion des paupières se trouve dans la même région que le centre des autres muscles de la face. Il n'y a donc très vraisemblablement qu'un seul centre cortical comme il n'y a qu'un seul noyau.

En même temps que, par son centre cortical, le facial reçoit les excitations sensitives apportées par le trijumeau dans la zone rolandique, il est également en relations, par son noyau bulbaire, avec les fibrilles afférentes des noyaux sensitifs du trijumeau, et il constitue de ce chef, avec ce dernier nerf, ce qu'on a très justement appelé l'arc sensitivo-moteur de la face. L'influence de la sensibilité sur le mouvement est un fait bien connu et l'on peut voir les nerfs rachidiens excités ou paralysés dans leurs fonctions motrices suivant qu'ils reçoivent ou ne reçoivent pas les impressions sensitives que leur racine postérieure doit leur transmettre normalement; mais le rapport des deux phénomènes ne se manifeste jamais pour la moelle avec une net-

1. *Dictionnaire de Physiologie*, par Charles Richet, 1902, article Facial, t. V, p. 914 (Paris, F. Alcan).

2. Depuis 1890.

teté parfaite, parce que les diverses régions du corps reçoivent leur sensibilité de sources multiples et qu'en sectionnant une ou deux racines postérieures on ne supprime pas nécessairement pour une région donnée toutes les voies d'excitation. Dans la face, au contraire, qui tire toute sa sensibilité du trijumeau, le rapport de l'excitation et du mouvement se marque avec une précision particulière et si, à la suite d'une blessure, d'une section expérimentale ou d'une anesthésie, le trijumeau ne conduit plus les excitations sensibles, le facial présente des troubles moteurs qui rappellent de très près la paralysie faciale ordinaire. La clinique médicale, la clinique chirurgicale et l'expérimentation s'unissent sur ce point pour nous présenter un très grand nombre de faits analogues et pour lesquels s'impose la même interprétation [1].

Enfin, bien que les autres connexions sensitives du noyau du facial soient beaucoup moins connues que les précédentes, M. Testut admet que ce noyau reçoit des fibrilles de la voie sensitive centrale qui lui apportent les impressions sensibles de l'organisme tout entier, ainsi que des fibrilles de la voie optique et de la voie acous-

---

1. Voir en particulier les expériences de Claude Bernard. *Leçons sur le système nerveux*, II. 70.

tique qui, du tubercule quadrijumeau antérieur,

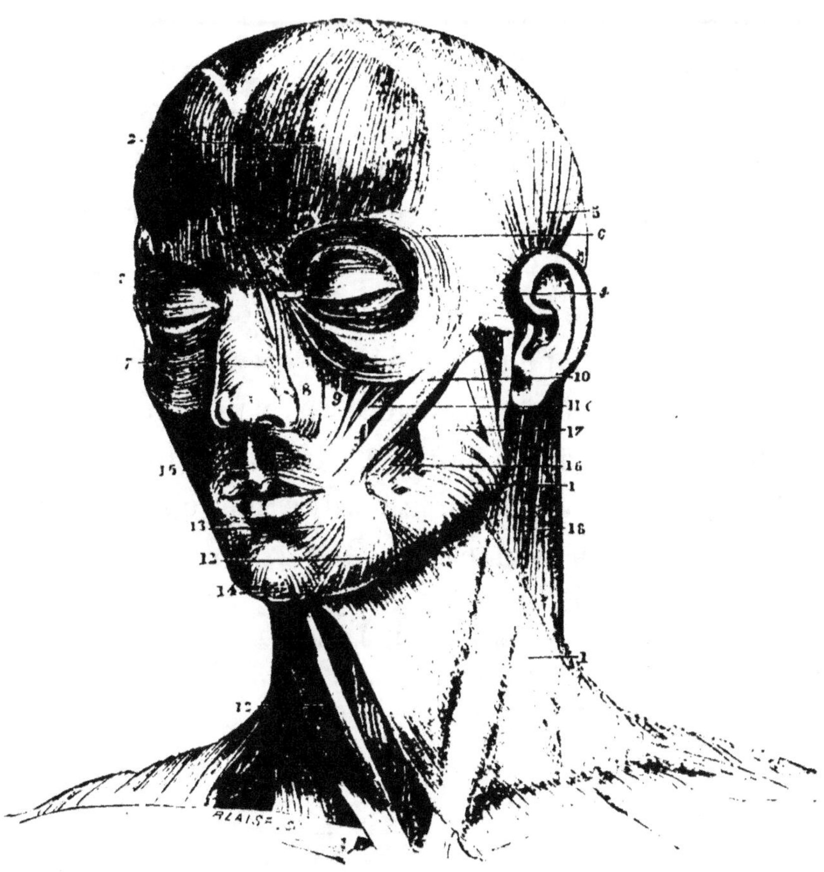

Fig. 2. — Muscles de la face.

1. Muscle peaucier. - 2. M. frontal. — 3. M. pyramidal. — 4. M. auriculaire antérieur. — 5. M. auriculaire supérieur. — 6. M. orbiculaire des paupières. — 7. M. triangulaire du nez. — 8. M. élévateur commun de l'aile du nez et de la lèvre supérieure. — 9. M. élévateur propre de la lèvre supérieure. — 10. M. grand zygomatique. — 11. M. petit zygomatique. — 12. M. triangulaire des lèvres. - 13. M. carré du menton. — 14. M. de la houppe du menton. — 15. M. orbiculaire des lèvres. — 16. M. buccinateur. — 17. M. masseter. — 18. M. sterno-cleido-mastoïdien. (D'après Debierre. *Traité élémentaire d'anatomie*. Paris, Félix Alcan.)

descendent dans la bandelette longitudinale postérieure [1]. Les voies anatomiques par lesquelles s'opèrent les autres associations réflexes du facial sont ignorées.

Après avoir parlé du facial, il resterait à dire un mot des différents muscles qu'il innerve et parmi lesquels un très grand nombre participent à l'expression du sourire, mais nous devrons énumérer ces muscles et les classer quand nous ferons l'analyse physiologique du sourire et c'est pourquoi nous négligerons ici des indications qui ont leur place marquée un peu plus loin. Nous nous bornons, pour rendre ces indications plus claires, à reproduire ici une planche de la musculature de la face (fig. 2).

1. Testut. *Anatomie humaine*. II, 2, 869.

CHAPITRE I

PHYSIOLOGIE DU SOURIRE

I

On s'accorde d'ordinaire à considérer le sourire comme un rire atténué, un rire qui s'arrête en commençant et l'expression même de sourire ne signifie pas autre chose.

Darwin, lorsqu'il étudie le rire, y distingue trois degrés : le sourire, le rire modéré et le fou rire [1]. Piderit classe le sourire parmi les degrés faibles du rire [2] et Littré le définit « un rire sans éclat ». Je n'ai rien à dire, en principe, contre une assimilation de ce genre à condition toutefois qu'on y joigne une distinction trop souvent négligée entre le rire qui traduit l'excitation générale du plaisir et le rire qui traduit le sentiment spécial du comique.

On peut rire en effet sans éprouver le senti-

1. *De l'expression des émotions*, p. 227 (trad. Pozzi et Benoit), 1877.

2. *La mimique et la Physiognomonie*, p. 148, trad. Girot Paris, F. Alcan.

ment du comique et tout simplement parce qu'on éprouve une excitation agréable; on rit par exemple au cours d'une joie et, dans ce cas, le rire a la même signification que les cris, les paroles et tous les mouvements par lesquels le système nerveux se décharge; comme on l'a souvent remarqué, le rire de ce genre se manifeste d'autant mieux que l'excitation est plus intense ou plus brusque, tel le rire de l'enfant à qui l'on montre un jouet tout à coup ou que l'on surprend avec une caresse.

Nous rions d'autres fois sous l'influence de l'excitation qui se produit dans notre cerveau quand nous saisissons un de ces rapports imprévus qui sont à la base du comique et dans ce cas le rire prend une signification très particulière et très distincte de la signification précédente bien qu'il traduise toujours le plaisir.

Il y a donc au moins deux espèces de rires, ou plutôt un genre et une espèce que, faute de terminologie plus précise, on peut appeler le rire du plaisir et le rire du comique; et il y aura de même un genre et une espèce de sourires, le sourire du plaisir et le sourire du comique dont il convient de parler séparément.

Je parlerai d'abord et surtout du sourire du plaisir, le plus général des deux.

* *

Ce n'est pas seulement la bouche qui sourit mais les joues, le nez, les paupières, les yeux, le front, les oreilles, et si l'on veut bien comprendre la nature et la signification du sourire, il importe de ne négliger aucune des parties du visage par lesquelles il s'exprime.

La bouche s'élargit plus ou moins dans le sourire, tandis que les commissures des lèvres sont tirées fortement en arrière et légèrement vers le haut. Cette expression bien connue, est due à l'action combinée de plusieurs muscles. Le buccinateur [1] attire en arrière les commissures des lèvres ; l'élévateur de l'aile du nez et de la lèvre supérieure ainsi que l'élévateur propre de la lèvre supérieure exercent l'action indiquée par leur nom, le petit zygomatique [2] attire en haut et lé-

---

1. Pour savoir quels muscles concourent au sourire et dans quelle mesure je me suis servi soit de la vue, soit du toucher, soit des deux sens à la fois : et pour la connaissance générale de leurs fonctions, je me suis aidé du *Traité d'Anatomie humaine* de M. Testut.

2. Il est juste d'ajouter ici que Duchenne de Boulogne (*Mécanisme de la physionomie humaine*, p. 81 sqq.) considère le petit zigomatique, l'éleveur propre de la lèvre supérieure et l'éleveur commun de l'aile du nez et de la lèvre supérieure comme les muscles du pleurer et du pleurnicher. — Il est fort possible en effet qu'ils donnent cette expression en combinant leurs contractions lorsque les muscles voisins sont au repos : mais dans l'expression générale du sourire ils ne restent pas inactifs comme

gèrement en dehors la partie de la lèvre supérieure à laquelle il s'insère, le grand zygomatique attire en haut et en dehors la commissure labiale et le risorius de Santorini l'attire en arrière.

On peut distinguer une infinité de degrés dans le sourire de la bouche suivant la contraction plus ou moins forte des muscles ; quelquefois même il y a sourire sans contraction apparente. Chez quelques sujets en effet, les fibres du risorius n'arrivent pas toutes au coin des lèvres où elles doivent normalement s'insérer ; quelques-unes se fixent à la peau des joues et creusent une petite fossette pour une contraction légère que le coin des lèvres ne trahit pas encore ou trahit à peine ; c'est le sourire de la bouche le plus faible et le plus gracieux peut-être, car il en déforme à peine la ligne ondulée.

Les joues remontent pour sourire ; la partie moyenne du visage s'élargit ainsi, elle *s'épanouit* suivant l'expression courante et le visage tout entier semble diminuer de longueur. Cette ascension des joues détermine au-dessus et au-dessous deux sillons caractéristiques ; le premier,

on peut s'en convaincre par le toucher et par la vue ; leurs contractions sont seulement plus légères et comme fondues avec les contractions voisines. D'ailleurs Piderit (*op., cit.*, p. 147) n'a pas hésité à compter parmi les muscles du rire le petit zygomatique et l'élévateur de la lèvre supérieure.

le sillon labio-nasal, va de l'aile du nez au coin des lèvres, le second s'étend sur le bord inférieur de l'orbite pour se terminer du côté extérieur par de petits plis horizontaux appelés patte d'oie, et ces sillons, comme l'ascension qui les provoque, sont le sourire des joues.

Un assez grand nombre de muscles concourent à produire cette expression. Quelques-uns nous sont déjà connus; ce sont l'élévateur propre de la lèvre supérieure, le petit et le grand zygomatique qui ne peuvent se contracter sans tirer en haut la masse charnue des joues et ce sont aussi, quoique d'une façon moins apparente, la plupart des muscles masticateurs.

Le temporal se contracte légèrement et bien que sa contraction ne modifie pas sensiblement l'expression du visage, elle concourt à maintenir le maxillaire inférieur contre le maxillaire supérieur et par suite à arrondir les joues. Le masséter exerce la même action et, de plus, traduit sa contraction par un renflement de la partie postérieure et inférieure des joues.

Il est assez difficile de savoir si le ptérygoïdien interne, inséré en haut dans la fosse ptérygoïde et en bas sur la partie interne et postérieure du maxillaire, concourt pendant le sourire, avec les deux muscles précédents, à élever cet os. Dans tous les cas, il ne pourrait guère, étant invisible, exercer dans l'expression qu'une action indirecte.

Le nez sourit plus ou moins suivant les sujets, mais toujours d'une façon très marquée; chez tout le monde il paraît proéminer davantage, s'allonger en bas et en avant, tandis que de chaque côté les narines se dilatent; chez quelques personnes il se couvre, pendant les forts sourires, de rides verticales situées sur le dos, près de la racine. Cette dernière expression (les rides verticales du nez) est en général notée parmi les caractéristiques du rire, mais elle n'en est pas moins fréquente dans le sourire et on la trouve assez souvent reproduite dans le sourire des masques comiques auxquels elle donne facilement, pour peu qu'elle soit marquée, un aspect grimaçant.

Si le nez s'allonge et s'effile, c'est d'abord à cause du retrait des joues en arrière et en haut, mais c'est aussi par la contraction du muscle transverse dont les faisceaux antérieurs attirent vers le dos du nez des téguments sur lesquels ils s'insèrent et c'est cette même contraction, qui, lorsqu'elle est assez forte, détermine la formation des rides verticales. C'est donc surtout par les faisceaux antérieurs transverses que le nez sourit.

Le sourire des yeux est aussi important dans l'expression totale du visage que celui de la bouche et il est presque aussi compliqué. On y doit distinguer des contractions musculaires et des modifications dans l'éclat du regard.

Les contractions musculaires viennent toutes de l'orbiculaire des paupières qui entoure l'orifice palpébral à la manière d'un anneau elliptique aplati, large et mince. Leur résultat est de diminuer plus ou moins la grandeur apparente du globe oculaire jusqu'à masquer parfois de façon complète le blanc de la cornée. La partie colorée de l'œil apparaît ainsi toute seule et comme l'iris est, suivant les sujets, bleu, noir ou châtain, le regard semble plus individuel et plus vif.

Piderit [1] pense, et il paraît bien avoir raison, que les contractions de l'orbiculaire et des muscles des joues exercent sur la capsule membraneuse de l'œil une pression suffisante pour augmenter la tension et l'éclat du contenu liquide.

Le front sourit, et, pour sourire, il se déride, il s'agrandit, il se lisse et semble s'éclaircir [2],

1. *Op. cit.*, p. 240.
2. Cf. Racine, *Iphigénie*, acte II, scène II.

    N'éclaircirez-vous point ce front chargé d'ennuis ?

tandis que les sourcils s'arquent légèrement;
c'est l'expression que traduit fort bien le latin
exporrigere frontem.

Cette expression bien connue s'explique assurément, comme le veut Darwin, par une contraction légère du frontal, mais le jeu de ce muscle
est loin d'être simple dans la physionomie
humaine et demande quelques explications.

Quand le frontal se contracte isolément il attire en avant l'aponévrose épicranienne, vaste
lame fibreuse qui recouvre, à la manière d'une
calotte, la convexité du crâne, et, dans ce cas,
il n'exprime à aucun moment la joie, mais les
divers degrés de la préoccupation et de l'attention. Si l'aponévrose épicranienne est préalable-
ment tendue par la contraction de l'occipital, le
frontal prend alors sur elle son point fixe et,
pour une contraction légère, lisse la peau du
front et arque les sourcils. C'est ce qui arrive
dans le sourire du front.

Il faut donc que dans le sourire le muscle occipital qui occupe toute la partie postérieure de la
tête se contracte comme les précédents, et c'est
encore une contraction qu'il est très facile de
constater chez la plupart des sujets bien
qu'elle ne contribue que très indirectement à
modifier l'expression du visage.

Enfin on peut affirmer, sans forcer les faits, que chez bien des gens, et en particulier chez l'auteur de cette étude, l'oreille participe au sourire. Dans ce cas il est possible que les faisceaux les plus externes de l'occipital qui s'insèrent parfois jusque sur la convexité de la conque, la tirent légèrement en arrière et leurs contractions ne font d'ailleurs que se joindre à celle de l'auriculaire postérieur qui agit dans le même sens.

La conséquence de cette première description c'est que le sourire est une expression très générale à laquelle un grand nombre de muscles participent plus ou moins. Duchenne (de Boulogne) avait cru pouvoir conclure de ses fameuses expériences d'électrisation musculaire que certaines émotions de l'âme trouvaient leur expression naturelle dans le jeu d'un muscle déterminé; c'est ainsi qu'il attribuait à l'attention le frontal, à la réflexion le palpébral supérieur, à la douleur le sourcilier [1]; et quand les faits l'ont obligé d'admettre que plusieurs muscles concourent à l'expression d'une émotion, il a toujours considéré que ces muscles s'associaient en nombre restreint; l'ironie, par exemple, n'avait besoin que du buccinateur et du carré du menton, la

____

1. *Mécanisme de la physionomie humaine.* p. 42.

tristesse que du triangulaire des lèvres et du contracteur des narines, la joie que du grand zygomatique et de l'orbiculaire inférieur des paupières. Les physiologistes de l'expression n'ont pas eu de peine à montrer qu'une émotion s'exprime le plus souvent par une association complexe de muscles ; c'est le cas de la satisfaction qui se traduit spontanément par le sourire, et nous aurons l'occasion de voir plus tard que les muscles du corps tout entier ne restent pas indifférents à l'émotion agréable que ceux de la face traduisent plus particulièrement.

Bornons-nous à constater pour le moment qu'à part le menton toutes les parties du visage sont affectées par le sourire. Donner l'explication de cette expression générale ce sera nous dire pourquoi tous les muscles que nous venons de citer y participent.

* *

Une première méthode consisterait à prendre une à une les différentes contractions qui constituent le sourire et à les expliquer tant bien que mal par les différents principes psychologiques qui gouvernent depuis Darwin et Wundt l'expression des émotions. Darwin qui a étudié le

sourire en même temps que le rire, a procédé
de la sorte autant qu'il a pu. « Les coins de la
bouche se rétractent et la lèvre supérieure se
relève; c'est, dit-il, parce que, dans la joie, on
pousse naturellement des cris, que le cri exige
la bouche ouverte et que la bouche ouverte
exige à son tour les contractions en question qui
se reproduisent à l'état faible dans le sourire [1]. »
De même les orbiculaires qui se contractent
énergiquement pendant le fou rire pour protéger
les yeux contre l'afflux du sang artériel ou vei-
neux, se contractent encore légèrement et sans
utilité dans le sourire, en vertu d'une association
ou d'une habitude analogue. Les autres contractions que Darwin est loin de voir dans leur
totalité, seraient, pour la plupart, les conséquences de ces contractions principales.

Darwin a donné beaucoup trop d'explications
de ce genre et son tort n'est pas seulement
d'abuser de l'hypothèse, mais encore de vouloir
tout expliquer par le fameux principe de l'*Association des habitudes utiles* sans se demander au
préalable si la physiologie toute simple, la mécanique du corps humain, ne tient pas en réserve
une explication qu'il va chercher si loin. Le grand

1. *Op. cit.*, p. 224.

naturaliste à qui la zoologie doit tant, ne s'est pas toujours montré physiologiste bien informé dans son beau livre de l'*Expression des Émotions*; il a ainsi considéré isolément des contractions musculaires dont le caractère capital était d'être simultanées et physiologiquement liées ; il a multiplié, pour les expliquer, les hypothèses historiques, et finalement il a passé souvent, sans les bien voir, à côté de lois biologiques qui lui auraient expliqué, en les simplifiant, des groupes entiers de phénomènes. Nous ne nous arrêterons pas plus longtemps sur son explication du sourire.

Bien que la méthode de Wundt soit différente dans le détail, elle donnerait lieu aux mêmes critiques si on voulait appliquer ici les principes psychologiques sur lesquels elle se fonde.

Suivant le principe de l'*Association des sensations analogues*, les dispositions de l'esprit qui ont une analogie avec certaines impressions sensorielles se traduisent de la même manière. Si les muscles des joues se contractent légèrement dans le sourire, c'est, nous dira Wundt, « parce que la pression de ces muscles se règle évidemment d'après la qualité du sentiment qui se manifeste. Ainsi, nous voyons le mouvement mimique varier de bien des façons, entre le tiraillement douloureux de ces parties dans les émotions pénibles, la pression bienfaisante du sentiment de soi-même satisfait et la tension fixe des dispositions énergiques de l'âme [1] ». Suivant le principe du *Rapport des mouvements avec les représentations sensorielles*, les mouvements musculaires d'expression se rapportent à des objets imaginaires. La bouche s'entr'ouvre ainsi dans le rire « comme si tous les sens devaient recevoir l'impression joyeuse [2] ».

Malgré le grand nom de Wundt, on ne saurait, croyons-nous, se mettre trop en garde contre les explications de ce genre. Tout à l'heure Darwin nous faisait le roman historique du sourire, Wundt nous en fait maintenant le roman psychologique pour aboutir à des hypothèses où la pure et simple métaphore se trouve transformée, dans l'espèce, en explication. Ce n'est pas, ajoutons-le, que les principes de Darwin et de Wundt soient stériles pour l'explication de toutes les expressions émotionnelles; ils ont rendu au contraire de très grands services dans la psychologie affective; mais pour l'explication spéciale du sourire ils paraissent assez vains, et l'on

1. Wundt. *Éléments de psychologie physiologique*, II. p. 481, trad. Rouvier (Paris. F. Alcan).
2. *Ibid.*, p. 481.

m'accordera bien qu'ils le sont tout à fait si la physiologie nous donne tout à l'heure une explication vraisemblable de ces contractions multiples qu'ils expliquent si péniblement.

A la vérité ni Wundt ni Darwin ne s'en sont tenus, pour l'expression des émotions, aux principes précédents ; l'un et l'autre ont invoqué, sous le nom de principe de l'*Action directe du système nerveux* ou de la *Modification directe de l'innervation*, une grande loi physiologique, d'après laquelle l'intensité des mouvements vasculaires, sécrétoires et musculaires dépend de l'intensité des excitations nerveuses. Ainsi s'expliquent, en dehors de toute psychologie, la plupart des désordres physiques qui accompagnent et qui caractérisent l'émotion.

Le malheur est que ni l'un ni l'autre ne se sont assez préoccupés de faire rendre à ce principe toutes les explications de détail qu'il pouvait contenir en germe ; ç'a été l'étiquette dont ils ont couvert toutes les expressions qu'ils jugeaient inexplicables bien plus qu'un principe fécond capable de nous apprendre pourquoi telle ou telle expression se produit. Bien qu'ils l'aient formulé tous les deux avec la même netteté, ils l'ont

1. *Principes de psychologie*, II, 564, trad. Ribot-Espinas (Paris, F. Alcan).

jugé infécond pour les explications de détail et se sont tournés vers les explications psychologiques où leur fantaisie a pris libre jeu.

La voie leur avait été indiquée cependant par Spencer qui, dès 1855, dans ses *Principes de psychologie*, allait chercher ses explications de l'expression dans la physiologie mécanique, loin des hypothèses faciles et peu vérifiables. Servi sur ce point par sa philosophie déterministe de la force, il aboutissait déjà à une théorie profonde.

Tout sentiment, pense-t-il, s'accompagne d'une *décharge motrice diffuse* proportionnelle à son intensité et indépendante de sa nature agréable ou pénible. « Du léger frémissement causé par un attouchement chez une personne endormie, jusqu'aux contorsions de l'angoisse et aux bondissements de la joie, il y a une relation reconnue entre la quantité de sentiment et la somme de mouvement engendré. Si nous négligeons pour un moment les différences nous voyons que, en raison des décharges nerveuses qu'ils impliquent tous, les sentiments ont le caractère commun de causer une action corporelle dont la violence est en proportion de leur intensité. »

De plus, la *décharge diffuse* qui se répand dans l'organisme, conformément aux lois de la mécanique, affecte les muscles en raison inverse

de leur importance et du poids qu'ils ont à soulever. Les gros muscles qui ne peuvent manifester leur excitation qu'en faisant mouvoir les
jambes ou d'autres masses pesantes resteront
immobiles pour une décharge modérée, tandis
que les petits muscles qui peuvent se mouvoir
sans avoir à vaincre une résistance considérable,
répondront de façon visible aux ondes les plus
faibles. C'est pour cette raison que les muscles
de la face, en général petits et insérés sur les
parties très mobiles, sont, en dehors de toute
autre raison psychologique ou sociale, de si mer-
veilleux instruments d'expression. « Une contraction très légère de ces muscles, ajoute
Spencer, avec un plissement des angles extérieurs des yeux, jointe peut-être à un mouvement à peine perceptible des muscles qui allongent la bouche, implique une onde faible de
sentiment agréable... que le plaisir augmente,
le sourire se dessine et, s'il continue à croître,
la bouche s'entr'ouvre, les muscles du larynx et
des cordes vocales se contractent ; et, les muscles relativement étendus qui gouvernent la respiration étant mis en jeu, le rire apparaît[1]. »

Tout ceci nous explique assez bien pourquoi

1. *Principes de psychologie*, II, 567, trad. Ribot-Espinas (Paris,
F. Alcan).

l'excitation du sourire se traduit surtout sur la face; reste à nous dire pourquoi l'excitation agréable n'affecte pas les mêmes muscles que l'excitation pénible, pourquoi elle se répartit seulement dans les zygomatiques, l'orbiculaire des paupières, les muscles du sourire et non le pyramidal et le sourcilier qui sont aussi petits et nous paraissent aussi mobiles; or sur ce dernier point Spencer est muet, et quand il a voulu, pour d'autres émotions, expliquer comment la décharge diffuse se spécialise et se restreint à tels muscles déterminés, il s'est finalement embarrassé dans des explications historiques très analogues à celles de Darwin. A côté de la *décharge diffuse*, il distingue en effet une *décharge restreinte* qui dépend non de l'intensité du sentiment mais de sa qualité et qui est due « aux rapports établis, dans le cours de l'évolution, entre des sentiments particuliers et des séries particulières de muscles mis ordinairement en jeu pour leur satisfaction ».

C'est, sous une forme bien obscure, la première ébauche du *Principe des habitudes utiles* de Darwin et nous savons ce que Darwin en a tiré pour le cas particulier du sourire.

._..

L'explication du sourire peut cependant être donnée par la seule physiologie mécanique, et, pour l'aborder avec précision et avec fruit, nous énumérerons d'abord non seulement les muscles qui y concourent, mais ceux qui s'y opposent dans le jeu de la physionomie humaine. Expliquer physiologiquement le sourire, ce sera proprement dire pourquoi les premiers se contractent, tandis que les seconds ne se contractent pas.

Nous connaissons déjà, avec quelque détail, les muscles qui participent au sourire; ce sont le temporal, le masséter, peut-être le ptérygoïdien externe, le frontal, l'occipital, l'orbiculaire des paupières, le transverse du nez par ses faisceaux antérieurs, le dilatateur des narines, le buccinateur, l'élévateur de l'aile du nez et de la lèvre supérieure, l'élévateur propre de la lèvre supérieure, le petit et le grand zygomatique, le rieur, l'auriculaire postérieur, soit quinze muscles.

D'autre part un certain nombre de muscles s'opposent au jeu des muscles précédents et sont les antagonistes du sourire.

Le ptérygoïdien externe tend à porter la mâchoire inférieure en avant ou de côté, mouvement assez compliqué et qui suppose soit un repos du masséter et du temporal, soit une contraction de ces deux muscles combinée avec celles du ptérygoïdien externe et plus complexe que leur contraction simple. Le mylo-hyoïdien et le ventre antérieur du digastrique tendent à abaisser la mâchoire inférieure et sont les antagonistes des élévateurs.

Le sourcilier attire en dedans et en bas la peau du sourcil qui se ramasse en rides verticales dans la région intersoucilière et cette contraction n'est possible que si le frontal, inséré sur l'aponévrose épicranienne, ne tire pas le sourcil vers le haut, en lissant la peau du front.

Le pyramidal, qui prend son point d'insertion fixe sur les os et les cartilages du nez et qui tire en bas la peau de la région intersourcilière, est, plus nettement encore que le précédent, l'antagoniste du frontal contracté par le sourire.

Le myrtiforme qui abaisse l'aile du nez et rétrécit les narines est l'antagoniste des faisceaux antérieurs ou peauciers du transverse, et du dilatateur.

L'orbiculaire des lèvres ou sphincter buccal est l'antagoniste manifeste de tous les muscles qui tirent sur la lèvre supérieure ou sur les commissures.

Le canin qui attire en haut et en dedans la

commissure labiale est par ce dernier trait, en opposition avec les zygomatiques.

Le triangulaire des lèvres, qui abaisse la commissure, est l'antagoniste du grand zygomatique, du petit et du releveur ; enfin le carré du menton et le muscle de la houppe du menton s'opposent d'une façon moins précise à l'action du grand zygomatique et à l'ascension totale des joues.

Il résulte de cette analyse qu'un sourire assez marqué partage, pour ainsi dire, les muscles de la face et du crâne en deux camps, celui des muscles favorables et celui des muscles antagonistes.

La question de plus en plus précise est de savoir pourquoi les muscles de la première catégorie se contractent tandis que les seconds ne se contractent pas.

Pour y répondre, et sans anticiper encore sur aucune théorie psychologique, rappelons que pour tous les psychologues qui ont parlé du sourire, comme pour le sens commun, cette expression de la physionomie est corrélative d'une excitation modérée. Nous verrons plus tard à reprendre cette idée d'une excitation modérée, à la vérifier et à l'éclaircir ; pour le moment constatons que, si elle est exacte, les muscles qui se contractent pendant le sourire doivent traduire, par leur contraction, cette excitation modérée.

Il s'agit donc de savoir, sans sortir de la mécanique, pourquoi une excitation modérée qui, en principe, devrait affecter également tous les muscles de la face, n'en affecte que quelques-uns.

On ne peut songer à reprendre simplement, en poussant ses applications, le principe même de Spencer que les muscles se contractent en raison inverse de leur importance et des poids qu'ils ont à soulever ; ce principe facile à vérifier quand on oppose les muscles des lèvres aux gros muscles de la jambe ou du tronc, ne se vérifie pas avec la même évidence quand on oppose les uns aux autres les muscles légers de la face et en particulier les muscles peauciers. C'est que, sous la forme même où Spencer le présente, ce principe est assez incomplet. Sans doute, les muscles se contractent d'autant plus facilement qu'ils soulèvent des poids plus légers mais ils se contractent aussi d'autant mieux qu'ils se trouvent, par leurs contractions, d'accord avec les contractions des muscles voisins ou qu'ils ont moins de muscles antagonistes à vaincre.

En d'autres termes, on doit compléter le principe de Spencer en disant qu'un muscle se contracte d'autant mieux qu'il trouve dans l'organisme plus d'alliés et moins d'ennemis. C'est toujours de la mécanique, mais elle est un peu plus compliquée que celle de Spencer et tout aussi conforme à la loi et de la direction du mouvement dans le sens de la moindre résistance.

Le sourire n'est pas autre chose qu'un cas particulier de la loi de Spencer ainsi complétée.

Considérons, en effet, les muscles du premier groupe : nous verrons qu'ils sont naturellement d'accord pour la plupart et forment, par l'association de leurs contractions, de véritables synthèses musculaires.

L'occipital et le frontal s'unissent, pour ainsi dire, dans une même contraction à laquelle participe l'auriculaire postérieur.

L'orbiculaire des paupières, d'autre part, ne peut se contracter dans sa partie inférieure, sans tirer vers le haut la lèvre supérieure, et cette connexion est si manifeste qu'elle est signalée par Darwin, pourtant orienté vers des explications d'un genre bien différent. « Henle, dit-il, avait déjà remarqué à ce propos, que lorsqu'un homme ferme exactement l'un des deux yeux, il ne peut s'empêcher de rétracter la lèvre supérieure du même côté ; réciproquement, si après avoir placé son doigt sur la paupière inférieure, on essaye de découvrir, autant que possible, les incisives supérieures, on sent, à mesure que la lèvre se soulève énergiquement que les muscles des paupières entrent en contraction[1]. » Cette connexité est due non seulement à l'existence de fibres d'anastomose entre les orbiculaires des paupières et le petit zygomatique, mais à ce fait que tous les muscles qui relèvent la lèvre supérieure et les commissures sont les congénères naturels des orbiculaires des paupières ; toute contraction des uns facilite celle des autres.

Il y a donc association mécanique entre les divers muscles des yeux et de la bouche, et l'ascension des joues, comme la proéminence du nez, sont les résultats de ces contractions combinées.

Le transverse du nez, quand il entre en jeu, ne fait. par ses faisceaux antérieurs. qu'agir dans le même sens de cette ascension générale qui prépare et facilite sa propre contraction.

Quant aux muscles masticateurs, comme le temporal ou le masséter, ils participent par leur contraction légère à la même ascension

1. *Op. cit.*, p. 219-220.

qu'ils favorisent du même coup parce qu'elle exige, pour s'exécuter facilement, le rapprochement des mâchoires.

Nous nous trouvons donc en présence de deux expressions parallèles du sourire, l'expression occipito-frontale avec trois muscles, l'expression oculo-malaire avec douze ou treize muscles, et ces deux expressions, dont la seconde est de beaucoup la plus importante, ne se gênent nullement dans leur mécanisme.

Considérons maintenant les muscles du camp adverse, les antagonistes du sourire ; nous pouvons constater qu'ils ne forment pas d'associations et de synthèses naturelles.

Dans l'expression de l'oreille, l'auriculaire supérieur et l'auriculaire antérieur sont des muscles faibles, non congénères et qui ne peuvent rien contre les contractions combinées de l'occipital et de l'auriculaire postérieur.

Le ptérygoïdien externe et les muscles abaisseurs de la mâchoire s'opposent bien au temporal et au masséter, mais outre qu'ils sont beaucoup plus faibles, ils ne s'associent nullement au canin, au sourcilier, au pyramidal et aux autres muscles antagonistes du sourire ; de même le pyramidal s'oppose aux contractions du frontal que nous avons décrites, mais il ne s'associe qu'au sourcilier parmi tous les muscles antagonistes du sourire. Nous avions affaire tout à l'heure à deux synthèses dont l'une était faite de nombreux éléments bien coordonnés; nous n'avons affaire ici qu'à des oppositions isolées. Bien mieux, dans beaucoup de cas les muscles antagonistes du sourire luttent entre eux et s'affaiblissent d'autant; tels sont les muscles triangulaires et carrés du menton par rapport à l'orbiculaire des lèvres; non seulement nous n'avons pas de synthèses musculaires mais nous avons des divisions et des luttes parmi les muscles antagonistes du sourire.

Il est possible de se représenter maintenant ce qui doit se passer lorsqu'une excitation légère se propage depuis les centres nerveux par le facial jusqu'aux muscles de la face et du crâne et par les fibres motrices du trijumeau jusqu'aux muscles masticateurs. En principe, l'excitation devrait se propager uniformément, mais en fait il se trouve que les seuls muscles qui réagissent sont ceux qui forment naturellement synthèse, tandis que les autres se neutralisent réciproquement ou sont neutralisés par les muscles qui se contractent. C'est ainsi que l'excitation se manifeste seulement dans les muscles qui coordonnent leurs contractions.

Tout cela revient à dire que si le sourire s'exécute pour une excitation modérée, c'est qu'il est le mouvement le plus facile de la face. Si les muscles du camp opposé avaient conditionné l'expression la plus aisée au lieu de conditionner l'expression la plus difficile, nous souririons par le triangulaire des lèvres ou par le carré du menton, comme nous sourions par le rieur ou les zygomatiques.

Il n'y avait aucune prédestination dans l'expression du sourire, en dehors des lois très simples de mécanique auxquelles cette expression obéit.

*
* *

Mais il est toujours facile de déclarer qu'un mouvement musculaire qui s'exécute devait nécessairement s'exécuter, et de pareilles déclarations demandent à être appuyées non seulement par des considérations théoriques, mais par des preuves expérimentales et cliniques. A défaut de preuves expérimentales complètes, voici au moins quelques résultats qui en constituent le commencement.

Duchenne (de Boulogne), persuadé qu'un seul muscle et tout au plus deux ou trois sont nécessaires pour les expressions émotionnelles les plus compliquées, a toujours procédé dans ses expériences d'électrisation musculaire d'une façon très analytique; c'est-à-dire qu'il a électrisé isolément les muscles du visage en appuyant l'électrode sur des points qu'il appelait des points d'élection et qui correspondaient à l'endroit où le nerf pénètre dans la masse musculaire. En électrisant une branche nerveuse qui se distribue à plusieurs muscles, on n'obtenait, pensait-il, aucune expression émotionnelle, mais une simple grimace et, de fait, la figure 6 de son album, où la branche temporo-faciale de la VIIe paire a été électrisée avant sa subdivision, semble justifier son opinion.

Après avoir étudié le jeu et les combinaisons des muscles du sourire, j'étais d'une opinion tout à fait contraire et persuadé contre Duchenne qu'une excitation légère portée sur le facial devait se répartir dans les muscles du visage suivant la loi de la moindre résistance et provoquer le sourire.

Pour vérifier cette idée assez vraisemblable mais préconçue, je me suis livré pendant quelques mois, en collaboration avec le docteur Dupont [1], chef du laboratoire d'électricité à Saint-

1. Nous avions d'abord employé un courant *galvanique* de 3 milliampères, mais les contractions obtenues étant intermit-

Anne, à des expériences d'électrisation dont je publie ici les résultats.

Nous avons opéré avec un courant faradique pour provoquer une excitation permanente et

Fig. 3.

des contractions musculaires susceptibles d'être reproduites par la photographie. L'un des rhéophores constitué par une plaque de plomb de

lentes, nous avons dû recourir au courant faradique pour déterminer une excitation permanente et une contraction susceptible d'être reproduite par la photographie. Le courant faradique a été gradué aussi faible que possible et augmenté progressivement pour chaque sujet jusqu'au moment où une ébauche de contraction du zygomatique et de l'orbiculaire des yeux devenait appréciable, alors que le triangulaire des lèvres restait encore absolument au repos. — Dr Maurice Dupont.

20 × 10 recouverte d'une peau humide, était
appliqué sur le dos des sujets entre les deux
omoplates; l'autre, petit, également recouvert
d'une peau humide était appliqué au-dessous du

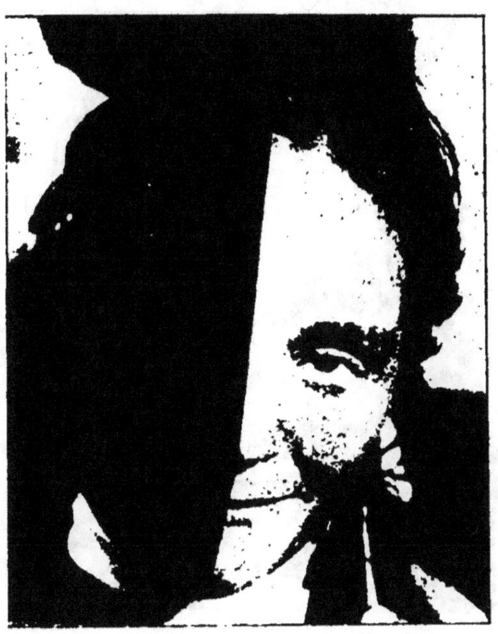

Fig. 4.

lobule de l'oreille de telle façon que l'excitation
pût atteindre le facial après sa sortie du trou
stylo-mastoïdien et avant son immersion dans
la parotide; dans ce cas l'excitation pouvait se
porter dans les deux branches temporo-faciales
et cervico-faciales qui ne se sont pas encore
séparées du tronc et si elle était légère elle devait, pensions-nous, n'affecter que les muscles

du sourire, conformément à la loi du moindre effort.

Nos premiers essais ont été très loin de nous satisfaire, car beaucoup de nos sujets présen-

Fig. 5.

taient des contractions douloureuses qui se superposaient, en les masquant, aux contrac-tions plus simples que nous voulions produire; nous avons dû chercher des sujets capables de supporter avec impassibilité l'excitation électri-que.

Même chez ceux-là l'expérimentation ne va pas sans difficulté; trop légère, l'excitation ne

produit rien ou ne produit que des contractions
trop faibles pour être photographiées ; trop forte,
elle se répand uniformément dans tous les muscles du visage qu'elle contracte et tord de côté.

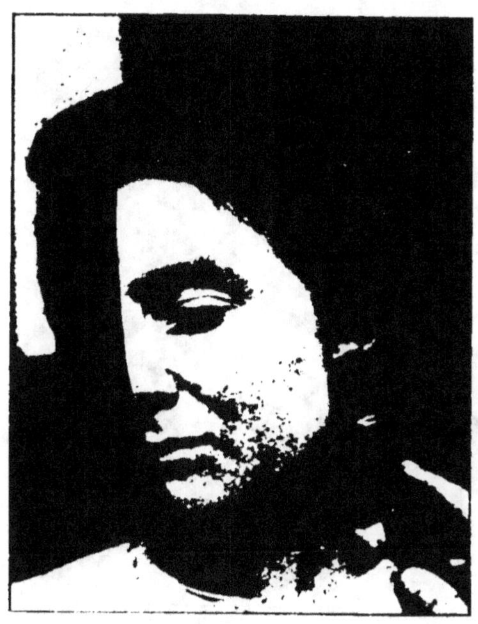

Fig. 6.

Nous avons dû, avec chaque sujet, tâtonner
longtemps pour trouver l'excitation légère qui
affecte les muscles du sourire et n'affecte que
ceux-là. Enfin, nous avons choisi de préférence
des femmes pour éviter les inconvénients de la
barbe et des moustaches.

La première photographie est celle d'une malade du service, Caroline (fig. 3) : nous avons

souvent obtenu avec elle des sourires très nets mais beaucoup trop fugitifs pour pouvoir être photographiés. L'expression que nous avons reproduite est évidemment très défectueuse.

Fig. 7.

On y distingue cependant l'expression malaire, et, bien que les paupières soient baissées, l'expression oculaire qui. avec la précédente, nous a paru caractériser anatomiquement le sourire humain; on peut également constater que les muscles antagonistes du sourire restent au repos.

La deuxième photographie est celle de Louise, une autre malade du service (fig. 4 et 5); la contraction du zygomatique, de l'orbiculaire des yeux et même des releveurs de la lèvre supérieure y est visible. Le sourire qui en résulte est le plus franc et le plus naturel que nous ayons réussi à photographier.

Fig. 8.

La photographie qui suit (fig. 6 et 7) a été prise sur Alice, une infirmière du service.

Le sourire d'Alice n'est pas naturel; l'expression oculaire est excessive; l'expression malaire est insuffisante : cependant le pli labio-nasal est bien marqué.

Je donne enfin, pour terminer, la photographie d'Élise (fig. 8 et 9), une petite myxœdémateuse de vingt-trois ans, très connue dans le service. Bien que le sourire soit un peu forcé, on y peut retrouver sans trop de peine les éléments anatomiques essentiels de l'expression oculo-malaire que j'ai décrite plus haut.

Fig. 9.

Et sans doute on pourrait facilement contester à quelques-unes des expressions précédentes le nom de sourire, si l'on pose en principe que tout sourire, pour mériter son nom, doit nécessairement être aisé et gracieux; mais il est bien difficile de reproduire artificiellement des qualités aussi naturelles et aussi fugitives que l'aisance et la grâce; si même elles sont réalisées quelquefois par l'excitation électrique, elles ne durent qu'un instant, et ce qu'on photographie, dans la plupart des cas, c'est le schéma du sourire plus que le sourire lui-même.

Ce schéma suffirait cependant à lui seul pour la thèse que je soutiens, même si nous n'avions pas obtenu des photographies de sourire aussi bonnes que la photographie 4-5. Ne nous montre-t-il pas, en effet, que l'excitation du facial, quand elle se propage dans les branches temporo-faciale et cervico-faciale, n'affecte, si elle est légère, que les muscles du sourire et laisse les autres indifférents.

L'expérience vient donc confirmer, dans une assez large mesure, les explications théoriques que nous avions tirées de l'étude des muscles du visage et de leurs fonctions antagonistes ou associées; le sourire peut, semble-t-il, recevoir une explication mécanique; c'est la réaction la plus facile du visage à toute excitation légère du facial; nous n'avons pas besoin de faire appel encore à des lois psychologiques puisque les lois de l'équilibre, de la direction du mouvement dans le sens de la moindre résistance et autres lois analogues nous suffisent.

A dire vrai, notre expérimentation n'a pas été complète; elle aurait dû porter, en même temps

que sur le facial, sur le nerf maxillaire inférieur,
branche motrice du trijumeau, qui innerve les
muscles éleveurs et les muscles abaisseurs de la
mâchoire; nous aurions vu alors si une légère
excitation électrique du nerf provoque seulement
les contractions des releveurs qui nous ont paru
jouer un rôle accessoire dans l'expression du
sourire; mais on ne peut songer pratiquement
à atteindre le tronc du maxillaire inférieur à sa
sortie du crâne par le trou ovale, et l'expérimentation n'aurait de valeur que si on pouvait l'atteindre là, avant qu'il se subdivise en un grand
nombre de filets moteurs. Nous sommes donc
obligés de renoncer à la vérification expérimentale de notre thèse pour ce qui concerne les muscles masticateurs. Nous ferons remarquer toutefois que l'occlusion des mâchoires traduit la
plupart du temps l'excitation, tandis que la
chute de la mâchoire inférieure traduit généra-
lement la dépression; il est donc probable
qu'une légère excitation électrique du nerf maxillaire inférieur aurait agi plus fortement sur le
groupe synergique des gros muscles releveurs
que sur les deux muscles abaisseurs de la mâchoire, le mylo-hyoïdien et le ventre antérieur du
digastrique. A ces réserves près, nous croyons
avoir rendu théoriquement et pratiquement

vraisemblable notre idée que l'expression du sourire est de pure mécanique, et qu'elle résulte d'une excitation légère et générale des nerfs moteurs de la face.

II

Mais si le sourire, ainsi défini, n'est pas autre chose qu'un réflexe un peu compliqué, toutes les causes capables d'augmenter la tonicité des muscles de la face devront tendre à le produire, et c'est en effet une loi que l'expérience vérifie encore. Et tout d'abord le tonus musculaire, le simple tonus, dans la mesure où il retentit sur le facial et les fibres motrices du trijumeau, nous rapproche déjà du sourire.

C'est un fait bien connu que le muscle au repos n'est pas en résolution complète et qu'il possède une certaine tonicité [1]. Les excitations sensitives inconscientes et continues qui proviennent du contact de l'air avec la surface cutanée, du contact de la paroi interne des vaisseaux avec le sang, des changements chimiques in-

---

1. Cf. sur la question du tonus, *Physiologie et Pathologie de tonus musculaire, des réflexes et de la contracture*, par J. Crocq. — *Journal de Neurologie*, 5 et 20 août 1901.

terstitiels des tissus et qui sont transmis à l'axe cérébro-spinal par les nerfs sensitifs, reviennent sous forme d'excitation motrice par les nerfs moteurs correspondants et entretiennent constamment dans les muscles une tonicité qu'on expliquait autrefois par l'automatisme des centres. Bien qu'on ne soit pas encore bien fixé sur l'influence que l'état des centres nerveux exerce sur les manifestations du tonus, l'origine périphérique en a été démontrée par Brondgest qui, en sectionnant tous les nerfs sensitifs d'une région dont les muscles sont en parfait état de tonicité, a vu cette tonicité disparaître et les muscles s'affaisser.

Quand la tonicité disparaît, les joues s'effacent ou se creusent, la mâchoire inférieure pend, les yeux s'élargissent démesurément par suite de la paralysie des orbiculaires, à moins qu'ils ne se ferment tout à fait par suite de la paralysie des releveurs des paupières. C'est l'expression bien connue de la dépression, de la tristesse et de la mort. Au contraire, pour un tonus normal, les joues s'arrondissent, la mâchoire remonte, les yeux s'ouvrent sans excès, et le visage se rapproche du sourire par son expression, sans toutefois l'exprimer réellement. Dans ce cas, les excitations très légères qui, partant des différentes parties du visage, sont transmises aux centres par les fibres sensitives du trijumeau, reviennent aux muscles par les fibres motrices du même trijumeau et du facial, mais ne sont pas assez intenses pour provoquer une rupture d'équilibre au profit des muscles du sourire; cependant elles tendent naturellement à produire cette rupture et c'est pourquoi la tonicité normale, l'expression propre de la vie, est déjà voisine du sourire.

Que le tonus vienne à augmenter sous l'influence d'excitations périphériques plus intenses, et nous allons voir le sourire apparaître en vertu de la loi qui gouverne l'énergie des réflexes dans ses rapports avec l'intensité des excitations. On a souvent constaté, par exemple, que le froid fait sourire, et j'ai pu faire cette constatation sur moi-même, un matin de l'hiver dernier où je remontais le boulevard Saint-Michel par une température de — 5°. Une glace m'ayant par hasard renvoyé l'image de mes traits, je me suis aperçu que mes zygomatiques et mes releveurs de la lèvre supérieure étaient fortement contractés, tandis que les orbiculaires de mes yeux se fermaient à demi. Évidemment ce sourire provoqué par le froid avait quelque chose de forcé, et se rapprochait un peu du rictus; mais c'était cependant un sourire, et la cause en était sans doute dans l'excitation thermique qui était venue se joindre aux excitations normales des tissus.

J'ai essayé depuis de reproduire ce sourire en badigeonnant la figure d'un sujet bénévole avec une solution réfrigérante de menthol, mais il a ressenti une cuisson très pénible, surtout du côté des yeux, et je n'ai observé sur son visage que des expressions d'agacement ou de douleur.

Je ferai remarquer, cependant, que, sous une forme un peu schématique et dure, le sourire se produit souvent dans des conditions assez analogues aux conditions précédentes. Les émanations d'un bain de pied à la moutarde peuvent le provoquer par les picotements qu'elles déterminent sur la peau du visage; une immersion du visage dans l'eau chaude ou froide a souvent la même conséquence, et c'est apparemment par la seule augmentation périphérique du tonus qu'agissent les excitations de ce genre.

Dans bien d'autres circonstances le tonus croît et le sourire se dessine sans qu'on puisse dire avec certitude si le tonus est augmenté par des excitations périphériques ou favorisé par une excitabilité plus grande des centres moteurs.

Nous avons alors affaire à des réflexes moins simples que les précédents où l'état des centres nerveux joue peut-être un grand rôle. C'est par exemple un fait d'expérience courante qu'un bon dîner réjouit la face, l'arrondit, et provoque une expression très voisine du sourire, quand ce n'est pas le sourire lui-même. Que se passe-t-il dans ce cas? Faut-il admettre que les extrémités sensibles des nerfs cutanés et musculaires, mieux nourries, transmettent des excitations plus intenses aux centres nerveux? Ne peut-on pas penser que ces centres restaurés par une bonne nutrition envoient des impulsions motrices plus fortes, pour une excitation périphérique qui reste la même?

Chacune de ces hypothèses est soutenable en elle-même et toutes les deux peuvent être vraies à la fois. Ce qui est manifeste c'est que, sous l'influence de l'excitabilité des centres ou des excitations périphériques, la tonicité du muscle s'accroît et tend de plus en plus vers le sourire, conformément aux lois d'équilibre que nous avons indiquées.

Avec les excitations modérées des sens qui provoquent le plaisir physique, nous nous rapprochons des causes proprement psychologiques du sourire, mais nous n'avons pas encore besoin de faire appel à un mécanisme nouveau. Une excitation légère du goût, de l'odorat, de l'ouïe ou de la vue peut provoquer sinon le sourire complet, du moins le demi-sourire, et cette action s'explique sans doute par ce que la physiologie nous enseigne des effets toniques qui caractérisent le plaisir. Nous savons, en effet, que dans les cas de ce genre, l'excitation des sens est tonique par rapport au système musculaire, et, d'autre part, si le plaisir accélère, comme le veut Meynert[1], la circulation cérébrale, il n'est pas impossible que des causes centrales puissent ici, comme tout à l'heure, favoriser le réflexe du tonus.

Dans tous les cas, c'est un fait établi par les expériences de M. Féré[2] et par bien d'autres que le plaisir est dynamogène et que sa dynamogénie se traduit surtout par une augmentation des mouvements.

Le sourire qui apparaît alors, traduit tout simplement un accroissement du tonus, et, relève, comme tous les sourires précédents, de la mécanique.

Pour les sourires qui expriment la joie morale, la question est loin d'être aussi simple et toute

---

1. *Les maladies du cerveau antérieur*, p. 84.
2. *Sensation et mouvement*, (Paris. F. Alcan).

la suite de cette étude aura justement pour objet de la simplifier et de l'éclaircir. Ce qu'on peut dire, abstraction faite de toute théorie, c'est que, dans ce cas, le sourire peut être tantôt spontané, tantôt volontaire. Un homme qui vient de faire un gros héritage, ou de gagner un gros lot, ou d'apprendre une bonne nouvelle sourit de plaisir, et, si vous rencontrez un ami dans la rue, vous souriez aussi pour le saluer, bien que sa vue vous ait laissé parfaitement indifférent ; le premier sourire est une expression naturelle de joie, le second est une expression voulue de politesse.

Nous retrouverons tout à l'heure ce second sourire et autres analogues et nous verrons à les expliquer par des principes nouveaux ; mais le premier ne nous apparaît pas comme différent, par sa nature et par ses causes, de tous les sourires que nous venons d'analyser. La joie morale est un des toniques les plus puissants pour la vie physiologique [1]; elle accélère la respiration, la circulation, les sécrétions, elle active les combustions, et, dans l'ordre musculaire, elle s'exprime par une exagération du tonus qui aboutit *naturellement* au sourire pour les muscles de la face.

---

1. Cf. Dumas. *La tristesse et la joie*, p. 218 sqq. (Paris, F. Alcan, 1900).

Ce qu'il importe de marquer pour ce sourire spontané d'origine morale comme pour les sourires d'origine physique, c'est qu'ils sont tous de nature purement réflexe, comme le tonus lui-même, dont ils ne sont qu'une manifestation exagérée : toutes les conditions qui peuvent accroître le tonus deviennent par là même, les conditions normales du sourire, sans qu'il soit nécessaire d'invoquer encore aucune loi de psychologie affective ou représentative. Par notre analyse des groupes musculaires du visage et de leurs fonctions, par nos expériences de faradisation, nous étions entrés pour ainsi dire dans la mécanique du sourire, et par les explications que nous avons données des différents sourires naturels, nous avons tâché de n'en pas sortir.

*
* *

Mais une question reste encore à résoudre. Pourquoi le sourire se limite-t-il ou semble-t-il se limiter à la face ? Que ce soit une expression toute mécanique, passe ; mais pourquoi et comment cette expression s'est-elle localisée au visage puisqu'il s'agit, en définitive, d'un fait très général de tonicité qui ne paraissait apporter en lui-même aucun élément de localisation précise ?

Écartons d'abord les sourires provoqués par des excitations locales et pour lesquels l'explication est vraiment trop simple ; dans le sourire du froid, par exemple, le trijumeau joue par rapport au facial le rôle d'une racine sensitive par rapport à une racine motrice, et les excitations qui partent par la voie sensitive reviennent par la voie motrice, comme s'il s'agissait des deux racines rachidiennes d'un même nerf. Mais beaucoup de sourires sont liés à des conditions physiologiques très générales telles que l'influence tonique du plaisir ou de la joie sur le système musculaire et dès lors on peut se demander en effet pourquoi ce jeu musculaire se localise à la face.

La réponse est partiellement indiquée dans ce principe déjà cité de Spencer que la décharge nerveuse affecte les muscles en raison inverse de leur importance et du poids qu'ils ont à soulever. La plupart des muscles de la face sont en effet des muscles légers et particulièrement mobiles de ce fait qu'ils prennent souvent l'une de leurs insertions et quelquefois toutes les deux dans la peau ; ils sont ainsi plus aptes que les muscles du thorax ou de la cuisse à traduire toutes les augmentations du tonus musculaire, et sourient pour une excitation qui laisse indifférents en apparence beaucoup de muscles moins mobiles et plus gros.

Mais la vérité c'est que le sourire, bien qu'il s'exprime particulièrement à la face, ne s'y localise pas uniquement et, sous forme d'hypertonus, s'étend au corps tout entier ; c'est un fait bien connu que dans la joie d'origine physique ou morale le tonus de tous les muscles du corps est augmenté. « L'exaltation fonctionnelle des muscles et des nerfs volontaires, dit Lange, fait que l'homme joyeux se sent léger comme tous ceux dont les muscles sont puissants[1]. » De là les paroles, les cris, les chants, les va-et-vient, les sauts, l'attitude relevée et presque défiante qui caractérisent l'homme joyeux. Darwin avait d'ailleurs écrit bien avant Lange et dans le même sens : « Pendant un transport de joie ou de vif plaisir, il se manifeste une tendance très marquée à divers mouvements sans but et à l'émission de sons variés. C'est ce qu'on observe chez les enfants dans leur rire bruyant, leurs battements de mains, leurs sauts de joie, dans les gambades et les aboiements d'un chien que son maître va mener à la promenade, dans le piéti-

1. Lange, *Les émotions*, 2ᵉ édit., p. 46-47, trad. G. Dumas. (Paris, F. Alcan).

nement d'un cheval qui voit devant lui une car-
rière ouverte [1]. »

Il resterait à démontrer, pour généraliser complètement notre théorie du sourire, que les
mouvements exécutés dans la joie sont toujours
les mouvements les plus faciles et que les muscles des bras, des jambes, du larynx vont toujours, comme ceux du visage, dans le sens du
moindre effort ; mais cette démonstration souf-
frirait quelque difficulté. Nos représentations
viennent en effet, pendant la joie, s'associer
sans cesse à nos mouvements pour les diriger,
les compliquer et les transformer en actes. Le
joyeux ne se bornera pas à crier ; il chantera, et
il chantera telle chanson déterminée : il ne se
bornera pas à se mouvoir ; il dansera, il sautera,
et il se livrera à tel ou tel exercice particulier de
gymnastique ; les mouvements seront ainsi plus
ou moins coordonnés en des associations idéo-
motrices, où se compliquera extrêmement la loi
de mécanique qui les gouverne ; on voudra bien
remarquer cependant que les mouvements et les
gestes isolés qui traduisent la joie sont, en général, des mouvements simples qui s'exécutent
sans fatigue et comme d'eux-mêmes sous l'in-

1. Op. cit.. trad. Pozzi, p. 80-81.

fluence de l'excitation ; on fait claquer ses doigts, on tambourine sur la table, on parle pour parler ; même les mouvements qui se coordonnent en acte ne donnent pas l'impression de l'effort ; il semble bien que l'hypertonus se manifeste, comme dans le sourire, par les contractions les plus aisées.

Nous arrivons ainsi à une théorie physiologique qu'on pourrait formuler de la sorte : *Le sourire spontané est la réaction la plus facile des muscles du visage pour une excitation modérée : il se manifeste particulièrement dans ces muscles à cause de leur extrême mobilité, mais en réalité la réaction qu'il exprime est générale et paraît se marquer plus ou moins dans le système musculaire tout entier.*

Il résulte de cette définition, appuyée sur le raisonnement et sur l'expérience, que le sourire qui s'exprime chez l'homme sur la face, pourra tout aussi bien s'exprimer, suivant les espèces et la mobilité des muscles, sur toute autre partie du corps.

Chez le singe, nous le voyons encore se manifester sur la face et particulièrement sur les lèvres, comme Darwin l'a remarqué. « Quand on chatouille un jeune orang, dit-il, il fait une grimace riante, et il produit un bruit de satisfaction ;

ses yeux deviennent en même temps plus brillants. Aussitôt que ce rire cesse, on voit passer sur sa face une expression qui, suivant une remarque de M. Wallace, peut se comparer à un sourire. J'ai observé quelque chose d'analogue chez le chimpanzé. Le docteur Duchenne — et je ne pourrais citer meilleure autorité — m'a raconté qu'il avait conservé chez lui, pendant un an, un singe parfaitement apprivoisé ; lorsque au moment du repas, il lui donnait quelque friandise, il voyait les coins de sa bouche s'élever très légèrement; il distinguait alors très nettement sur la face de cet animal une expression de satisfaction ressemblant à une ébauche de sourire, et rappelant celle que l'on observe souvent sur le visage humain [1]. »

Chez le chien on trouve encore l'équivalent du sourire facial dans une sorte de *rictus* que Darwin [2], Ch. Bell [3] et bien d'autres observateurs ont signalée, et, pour la plupart d'entre eux, ce *rictus* traduit bien une disposition d'esprit agréable ; il me semble cependant que le véritable sourire du chien, celui qui exprime la joie la plus simple et la plus fugitive, consiste surtout

1. *Op. cit.*, p. 144.
2. *Ibid.*, p. 130.
3. *The Anatomy of expression*, 1844. p. 140.

dans les mouvements de la queue ; les muscles légers et particulièrement mobiles de cet organe jouent ici le même rôle que les muscles de la face chez l'homme.

J'ai cru constater chez plusieurs chats un commencement de sourire facial avec clignement des yeux très marqué tandis que je les caressais, mais chez eux, comme plus haut chez le chien, la satisfaction s'exprimait particulièrement par la queue qui devenait verticale, en ondulant légèrement.

Enfin la pie et, en général, les oiseaux m'ont paru sourire de même avec les muscles érectiles des plumes de leur queue, organe naturellement très mobile et d'autant plus mobile qu'il est plus long.

Il n'y avait donc rien de moralement prédéterminé dans le jeu des muscles par lesquels nous sourions ; c'est le hasard de notre organisation physique qui nous fait sourire avec nos zygomatiques et nos orbiculaires des yeux : nous souririons différemment si les muscles de notre visage étaient autrement associés ou autrement mobiles, et si, d'aventure, les contractions de la colère ou de la douleur eussent été les plus faciles des contractions du visage, ce sont elles assurément qui seraient le sourire humain.

Ni la psychologie ni l'esthétique n'ont rien à
voir avec la forme spontanée du sourire ; c'est un
réflexe au même titre que l'éternuement ou que
le larmoiement ; la physiologie mécanique nous
en donne à elle seule une explication vraisemblable.

CHAPITRE III

PATHOLOGIE DU SOURIRE

Dans le chapitre précédent, je me suis efforcé d'établir, par l'analyse anatomo-physiologique et par l'expérimentation, que le sourire se produisait nécessairement pour toute excitation légère du facial et pouvait recevoir une explication de pure mécanique. Je vais faire appel maintenant à des considérations d'ordre clinique qui me permettront de conclure dans le même sens et que je n'ai réservées que pour la netteté de mon exposition.

Si la thèse que je soutiens est fondée, toutes les causes morbides qui diminueront ou supprimeront le tonus des muscles du visage, devront les éloigner du sourire et les rapprocher au contraire de l'expression opposée, celle de l'abattement. Inversement toutes les causes morbides qui augmenteront le tonus des muscles du visage devront tendre à produire le sourire ou le produire effectivement. Or ce sont là des conséquences que la pathologie vérifie pleinement.

C'est un fait signalé partout, et d'ailleurs facile à vérifier, que dans la mélancolie passive des aliénés le tonus musculaire est diminué pour tous les muscles du corps. Le déprimé va lentement, il se traîne les bras ballants, la tête penchée sur la poitrine ; il s'appuie, pour ne pas tomber, sur les objets qui l'entourent, il plie sur les genoux et s'effondre plus qu'il ne s'assied.

Examinez ses muscles en détail, aux bras, aux jambes, aux cuisses, vous serez souvent frappés de leur flaccidité et de leur relâchement ; vous les trouverez amollis et allongés, sans résistance contre les mouvements passifs que vous imprimez aux membres, lents à reprendre leur situation et leur forme primitive si vous les en écartez en les tiraillant.

Les causes qui produisent cet hypotonus et qui l'entretiennent, ne sont pas connues avec plus de précision que les causes qui, dans la joie, produisent et entretiennent l'hypertonus.

Faut-il admettre que dans un organisme où le sang circule lentement, où la nutrition profonde se fait mal, les extrémités sensibles des nerfs cutanés, musculaires, viscéraux, transmettent aux centres moteurs de la moelle et du cerveau des excitations plus faibles qui se traduisent par

un moindre tonus ? Doit-on penser que les centres eux-mêmes, anémiés, dénourris, répondent
par des impulsions motrices plus faibles à des
excitations qui sont restées les mêmes. Les deux
hypothèses sont soutenables, et l'on peut même

Fig. 10.

en concevoir une troisième qui les combine.
Tout ce que nous savons avec certitude, c'est
que, dans la dépression, le tonus musculaire est
très diminué, et cette diminution va entraîner
sur le visage une expression non seulement différente de celle du sourire, mais exactement
inverse, celle de la tristesse abattue. Le trait le
plus saillant est la chute des joues qui s'aplatis-

sent et s'effilent. En même temps disparaissent les sillons labio-nasal et orbitaire qui sont toujours un peu marqués à l'état normal, par suite du tonus. Le visage perd, en s'allongeant, ses reliefs caractéristiques.

Cette expression toute négative dont la mélancolique Eugénie nous offre un exemple assez net (fig. 10) provient de l'atonie d'un très grand nombre de muscles que nous connaissons bien : l'élévateur propre de la lèvre supérieure, le petit zygomatique, le grand zygomatique, etc. Lorsqu'ils se contractaient, ils provoquaient le sourire dans la partie inférieure du visage, en se relâchant ils donnent l'expression opposée de la mélancolie.

Quelquefois, lorsque le relâchement des masticateurs est extrême, la mâchoire pend en vertu de son poids et la bouche s'entr'ouvre plus ou moins, mais ce dernier trait est assez rare, même chez les aliénés déprimés ; plus souvent la bouche reste fermée et la masse charnue des joues qui retombe, entraîne légèrement vers le bas la commissure des lèvres [1]. Le nez s'amincit

---

1. Notons en passant qu'il ne s'agit pas de cet abaissement actif de la commissure labiale qui résulte de la contraction du triangulaire et que Darwin a très justement signalé dans la douleur morale. Nous parlons dans cette analyse de la mélancolie résignée dont l'expression est toute passive et non de la souffrance tonique dont l'expression active obéit à des lois beaucoup plus compliquées. Cf. *La Tristesse et la Joie*, ch. VIII. (F. Alcan, 1900).

par suite du relâchement du muscle dilatateur et semble s'allonger à cause de l'affaissement des joues.

Les yeux sont quelquefois mi-clos à cause de l'atonie du releveur des paupières ; d'autres fois ils sont grands ouverts et ternes parce que l'orbiculaire est relâché et qu'il n'exerce plus sur le contenu liquide de la capsule cette tension qui, normalement, fait son éclat. Les sourcils, arqués à l'ordinaire par une contraction légère du frontal, se détendent et s'allongent, tandis que leur queue se rapproche du rebord orbitaire.

Il y aurait quelque difficulté à suivre avec plus de détails la comparaison du sourire et de l'expression mélancolique, pour la simple raison que cette dernière, étant passive, ne peut se manifester avec la même précision et se résume en définitive dans un relâchement général, mais on m'accordera bien que, dans les grandes lignes, l'opposition est assez marquée. Le visage tout entier s'allonge dans la mélancolie, tandis qu'il s'arrondissait dans le sourire, et bien des métaphores populaires traduisent sous une forme triviale ces deux traits essentiels [1] et contraires.

---

1. Cf. l'expression : *rigoler comme une tourte, faire une mine d'un pan de long*, et bien d'autres expressions analogues de la langue populaire.

Il est donc manifeste que l'atonie des muscles du visage produit, dans le cas de dépression mélancolique, une expression qui s'oppose dans son ensemble à l'expression du sourire, et c'est une première confirmation indirecte apportée par la pathologie à la loi que nous avons formulée.

Mais il ne s'agit encore là que d'atonie musculaire ou plutôt d'hypotonie, puisque les muscles du visage sont toujours en relation avec les rameaux du facial ou du nerf maxillaire inférieur qui les innervent et qui leur apportent encore quelques excitations. On pourrait concevoir une expérience plus décisive où l'action du facial serait complètement annihilée, et c'est justement cette expérience qui se réalise d'elle-même dans la paralysie faciale. Dans cette affection bien connue et dont la psychologie de l'expression n'a pas encore tiré tout le parti possible, on peut distinguer plusieurs formes, suivant que la lésion siège : 1º dans le cerveau, sur le centre cortical ou sur le trajet des fibres qui l'unissent au noyau bulbaire ; 2º dans le bulbe, sur le noyau ou sur le trajet intrabulbaire du nerf, et enfin 3º sur le nerf lui-même ; mais la paralysie bulbaire pouvant être considérée comme une simple variété de la paralysie du nerf, on ne décrit en général que deux espèces de paralysies faciales, la paralysie périphérique et la paralysie cérébrale ou centrale.

Dans la paralysie périphérique tous les muscles du côté lésé ont perdu non seulement leur tonus normal mais leur motilité volontaire ; ils sont dans un état de relâchement continu. La moitié paralysée du visage est comme étalée et portée en avant par rapport à la moitié saine ; celle-ci rabougrie, ridée par la contraction de ses muscles qui ne sont plus contre-balancés, est comme cachée derrière l'autre et paraît avoir moins d'étendue verticale.

. Les fonctions des muscles faciaux ne s'exerçant plus, on peut relever sur la partie paralysée un certain nombre de troubles fonctionnels qui, dans la mesure où ils sont apparents, concourent à modifier l'expression du sujet. La bouche, attirée du côté sain par le tonus des muscles non paralysés, est déviée vers le haut et sa partie moyenne ne correspond plus à l'axe du corps.

Les lèvres étant paralysées d'un côté, l'air soulève passivement la partie devenue inerte lorsque l'expiration se fait par la bouche ; le malade a, comme on dit, l'air de fumer la pipe.

Les joues qui tombent par suite de la paralysie des zygomatiques forment autour de la commissure abaissée une sorte de bourrelet.

L'aile du nez, au lieu de s'écarter activement
comme dans l'inspiration normale, est aplatie et
inerte par suite de la paralysie du dilatateur et,
sous la pression de l'air extérieur, se rapproche
de la cloison à chaque inspiration.

Fig. 11.

L'œil, largement ouvert, ne peut plus se fer-
mer ; l'orbiculaire paralysé laisse prédominer
l'action du releveur de la paupière, et le clignement est impossible. La cornée découverte est
exposée au contact de l'air et peut être le siège
d'inflammations diverses.

Les larmes ne sont plus attirées vers les points
lacrymaux et le canal nasal par la contraction
tonique du muscle de Horner, et elles s'écoulent

continuellement sur la joue. Sur le front, les rides s'effacent complètement du côté malade, par suite de la paralysie du frontal ; la peau se lisse et s'étale, et ce symptôme faisait dire très justement à Romberg que la paralysie faciale est

Fig. 12.

le meilleur des cosmétiques pour faire disparaître les signes de la vieillesse.

Cette description qu'on retrouve partout peut s'illustrer ici par le cas particulier de Justine, une infirmière du service du professeur Joffroy, atteinte depuis l'âge de quatre ans d'une paralysie faciale gauche périphérique, à la suite d'une lésion traumatique du rocher qui a déterminé la section complète du facial.

Dans la photographie que j'en présente (fig. 11 et 12), on peut distinguer la plupart des caractères signalés ci-dessus, le relâchement des muscles, l'affaissement de la partie charnue du visage, l'allongement de la moitié paralysée, l'abaisse-

Fig. 13.

ment de la commissure labiale, la diminution du calibre nasal, l'agrandissement apparent du globe oculaire, etc.

Mêmes remarques à faire sur le cas de Jean (fig. 13 et 14), un malade de Sainte-Anne qui a été atteint de paralysie faciale droite à la suite d'une tentative de suicide. La balle, qui a pu être extraite, s'était logée dans le rocher où elle avait déterminé une hémisection du nerf moteur de la face ; d'où relâchement des muscles, affaissement des traits, abaissement de la commissure labiale et autres symptômes déjà connus.

Or ces différents traits de la paralysie faciale

Fig. 11.

en général et de la paralysie de Justine et de Jean en particulier, sont justement ceux que nous énumérions plus haut comme caractéristiques de la mélancolie ou de la tristesse résignée. Si vous en doutez, considérez les figures 11 et 13, où la partie saine du visage est cachée par du noir, et vous n'aurez plus devant vous, surtout avec la figure 11, que l'expression d'une grande tristesse, l'exagération de l'expression triste telle que nous l'avons décrite.

Que conclure, sinon que la paralysie faciale équivalant dans l'espèce à la section du nerf et à l'interruption artificielle du courant sensitivo-moteur, elle réalise par l'atonie complète des muscles l'expression la plus opposée au sourire qu'il soit possible de concevoir. Les muscles du visage, lorsqu'ils sont paralysés, s'éloignent du sourire pour prendre, en vertu d'une simple loi de mécanique, l'expression de la tristesse et de l'abattement.

La paralysie faciale d'origine cérébrale est une des manifestations les plus fréquentes de l'hémiplégie. La lésion qui la provoque peut siéger, soit sur le centre cortical des mouvements volontaires de la face, dans la zone de Rolando, soit sur le trajet des fibres qui unissent ce centre au noyau bulbaire ; ces fibres qui constituent une voie motrice descendante forment, avec les fibres homologues de l'hypoglosse et du masticateur, le faisceau géniculé, et, comme elles franchissent la ligne médiane à l'étage ventral de la protubérance, c'est toujours sur le côté opposé de la face qu'une lésion provoque la paralysie. Quelquefois la face est seule frappée ; plus souvent, à cause des connexions anatomiques des fibres faciales, une même lésion donne lieu à une paralysie de la face et à une paralysie de la langue ou des membres.

Pendant longtemps on a cru que le principal caractère des paralysies faciales d'origine cérébrale était de respecter l'orbiculaire des paupières dans la majorité des cas, et c'est même sur cette constatation d'ordre clinique qu'on fondait la prétendue distinction des deux centres corticaux du facial, mais un examen plus attentif a montré que le facial est frappé dans sa totalité par les hémiplégies ordinaires et fait justice de cette distinction. « En réalité, dit M. Déjerine[1], le facial supérieur est toujours atteint... Cette paralysie du facial est toujours beaucoup moins accentuée que celle du facial inférieur, et beaucoup moins prononcée que dans la paralysie faciale périphérique ; elle est surtout nette les jours qui suivent immédiatement l'attaque d'hémiplégie. » Puis il donne de la paralysie faciale d'origine cérébrale, une description qui rappelle dans ses grands traits la description de la paralysie périphérique et qu'il illustre par la photographie ci-dessous (fig. 15), que je dois à son obligeance de pouvoir reproduire ici.

---

1. *Traité de pathologie générale*, publié par le professeur Bouchard, V, 475, sq.

Cette photographie a été prise, le cinquième jour sur une malade de vingt-sept ans, atteinte d'hémiplégie gauche totale et absolue à la suite d'une embolie.

Fig. 15.

Le front n'étant pas ridé, on ne peut constater sur le côté paralysé l'effacement des rides dont M. Déjerine fait un symptôme constant, mais on peut remarquer que la fente palpébrale gauche est plus ouverte que la droite par suite de la paralysie de l'orbiculaire ; la courbe du sourcil est atténuée par la paralysie du frontal et la queue se rapproche du rebord orbitaire. Il ne saurait donc y avoir de doute sur la paralysie du facial supérieur. Dans la région innervée par le facial inférieur, les signes sont les mêmes que dans la paralysie périphérique, et c'est en défi-nitive une expression générale d'abattement et de tristesse que nous pouvons constater sur la partie du visage paralysée.

Le résultat expressif de l'hypotonus est donc le même quel que soit le siège de la lésion, et nous pouvons poser en principe que toute lésion du facial, de son noyau, de son centre ou des fibres cortico-nucléaires, dans la mesure où elle interrompt l'arc sensitivo-moteur de la face et supprime l'action tonique de l'écorce, provoque nécessairement l'expression de la tristesse.

Il convient toutefois d'ajouter que dans le cas de paralysie centrale, les mouvements réflexes, le tonus musculaire et les mouvements volon-taires associés sont moins atteints que dans la paralysie périphérique et cette conservation re-lative tient manifestement à l'action du centre cortical opposé qui peut encore exercer son action par des fibres d'association, tandis qu'une lésion terminale du facial ferme la voie à toute action de ce genre.

*
* *

En revanche, et pour des raisons analogues quoique opposées, toutes les causes morbides qui augmentent le tonus des muscles du visage tendent à provoquer l'expression du sourire en vertu de la loi d'équilibre que nous avons formulée.

Dans l'excitation maniaque qui s'oppose si nettement à la mélancolie dépressive par ses caractères physiologiques et psychologiques, l'hypertonus se manifeste dans les muscles du corps tout entier.

Sur les bras, sur les jambes, sur les cuisses, sur les fesses, vous pouvez constater sans peine que les muscles sont plus durs, plus résistants contre les mouvements passifs, en un mot en état permanent d'élasticité et prêts à produire par leur contraction effective des mouvements variés. Peu importe que la cause de cet hypertonus soit périphérique, centrale, ou centrale et périphérique à la fois; l'essentiel est que l'hypertonus lui-même soit manifeste; or cet hypertonus qui se traduit sur les muscles du visage comme sur tous les muscles du corps, atteint particulièrement les muscles mobiles et associés qui concourent à la production du sourire; tandis que le carré du menton ou l'orbiculaire des lèvres en vertu de leur isolement ou de leur opposition répondent d'une façon imperceptible ou nulle aux excitations continues du facial, les muscles nombreux et coordonnés qui participent au sourire répondent par une contraction légère, et le visage de l'excité maniaque est naturellement souriant. Et sans doute il faut faire la part, dans ce sourire, des associations d'idées agréables, des représentations flatteuses que l'excitation maniaque évoque spontanément et qui greffent sans cesse des sourires automatiques, à demi volontaires ou même tout à fait voulus sur le sourire réflexe de l'hypertonus, mais ce sourire n'en existe pas moins et, dans les moments assez rares de repos mental, on le constate aussi facilement que l'hypertonus des muscles de la cuisse ou des fesses.

Mêmes remarques à faire à propos de l'hypertonus qui caractérise souvent les formes expansives de la paralysie générale, et se manifeste particulièrement sur les muscles du visage. On peut voir alors l'orbiculaire des yeux et le releveur des lèvres présenter des contractions presque continues, tandis que les autres muscles sont encore au repos. Darwin avait déjà, sur la foi d'un médecin, signalé ce fait que tous les aliénistes peuvent facilement contrôler. « La disposition, dit-il, qu'ont les muscles zygomatiques à se contracter sous l'influence des émotions agréables est démontrée par un fait curieux, qui m'a été communiqué par le Dr Browne, relatif aux malades atteints de la paralysie générale des aliénés. Chez ces malades on constate, presque invariablement, de l'optimisme, des illusions de santé, de position, de grandeur, une gaieté insensée, de la bienveillance, de la prodigalité ; d'autre part, le symptôme physique primitif de cette affection consiste dans le tremblement des commissures des lèvres et des angles extérieurs des yeux. C'est là un fait bien constaté. L'agitation continuelle de la paupière inférieure, le tremblement des muscles grands zygomatiques, sont des signes pathognomoniques de la première période de la paralysie générale. La physionomie offre d'ailleurs une expression de satisfaction et de bienveillance[1]. »

Darwin orienté vers des explications finalistes et historiques, s'est borné à noter le fait à titre de description et sans essayer d'en rendre compte ; mais nous avons bien le droit d'y voir,

---

1. Darwin, *Op. cit.*, p. 222.

comme dans le sourire de l'excitation maniaque,
une preuve de plus en faveur de notre thèse;
si l'orbiculaire des yeux, si les zygomatiques
réagissent les premiers aux excitations que le
facial leur apporte, c'est parce qu'ils font partie
d'un groupe de muscles éminemment mobiles,
et cette mobilité tient vraisemblablement aux
raisons de pure mécanique que nous avons indiquées au cours du chapitre précédent. Dans
les deux cas d'ailleurs, la congestion des centres
nerveux ou les processus inflammatoires dont ils
sont le siège paraissent être la cause de l'excitation hypertonique du facial.

L'expérience que nous avons réalisée par
l'électrisation du facial périphérique, la nature
la réalise d'elle-même par les troubles patho-
logiques dont les centres nerveux sont le siège et
dans aucun cas nous ne sortons de la mécanique.

Mais la pathologie nerveuse nous peut faire
connaître encore des faits plus décisifs et qui
s'opposent avec une netteté parfaite aux paralysies faciales dont nous parlions tout à l'heure;
ce sont les contractures des muscles innervés
par ce même nerf.

La contracture peut, d'après M. Richet[1], se

1. *Dict. de Physiologie.* IV, 393. (Paris, F. Alcan.)

définir « une contraction prolongée du muscle sans lésion de la fibre musculaire même, contraction telle qu'il ne peut se relâcher par la volonté ».

Certaines contractures, dites réflexes, sont provoquées par un stimulus de la périphérie, telles ces contractions permanentes des sphincters consécutives à une excitation traumatique ou pathologique de la muqueuse qui les recouvre ; d'autres contractures non réflexes sont provoquées par une excitation des centres nerveux, et dans ce cas on peut considérer que toute irritation traumatique ou pathologique des faisceaux moteurs, depuis le cerveau jusqu'au bulbe, peut être cause de contractures.

Dans les cas d'hémiplégie, la contracture de la face est un phénomène secondaire assez rare ; lorsqu'elle se produit, elle tient à l'excitation des fibres motrices de la capsule par la lésion, et en général elle ne se marque guère dans la région du facial supérieur.

La déviation de la face se fait alors en sens inverse de ce qu'elle était dans la première période de l'hémiplégie ; la commissure des lèvres est légèrement tirée vers le haut, les joues remontent par la contracture des zygomatiques et donnent à la moitié malade de la face une forme arrondie, l'aile du nez reprend sa forme primitive et s'écarte de la cloison.

Si le facial supérieur est atteint de façon marquée, l'orbiculaire des yeux se contracture, la patte d'oie se marque de chaque côté des yeux, et le sujet paraît être, par tous les muscles contracturés de la moitié de son visage, en proie à un accès de franche gaieté.

Telle est l'expression que l'on peut constater dans tous ses détails sur la figure 16, que j'emprunte encore à l'ouvrage de M. Déjerine, dont j'ai déjà parlé [1].

Le malade est un homme de quarante et un ans, atteint d'hémiplégie droite avec contracture datant de quatre ans ; il marche en fauchant, mais au membre supérieur la paralysie et la contracture empêchent tout mouvement.

Ainsi la lésion cérébrale qui provoque l'hémiplégie totale peut, en agissant sur les fibres motrices de la face, provoquer une contraction permanente des muscles du sourire. Pourquoi cette sélection alors que le facial se distribue à tous les muscles de la face? On peut penser que si pour une excitation venue des centres nerveux les muscles opposés tels que le triangulaire des

____

1 *Op. cit.*, p. 478.

lèvres ou le carré du menton restent en repos ou
réagissent par une contracture moindre, c'est
que les premiers muscles se contractent plus
facilement pour les raisons d'équilibre et d'asso-

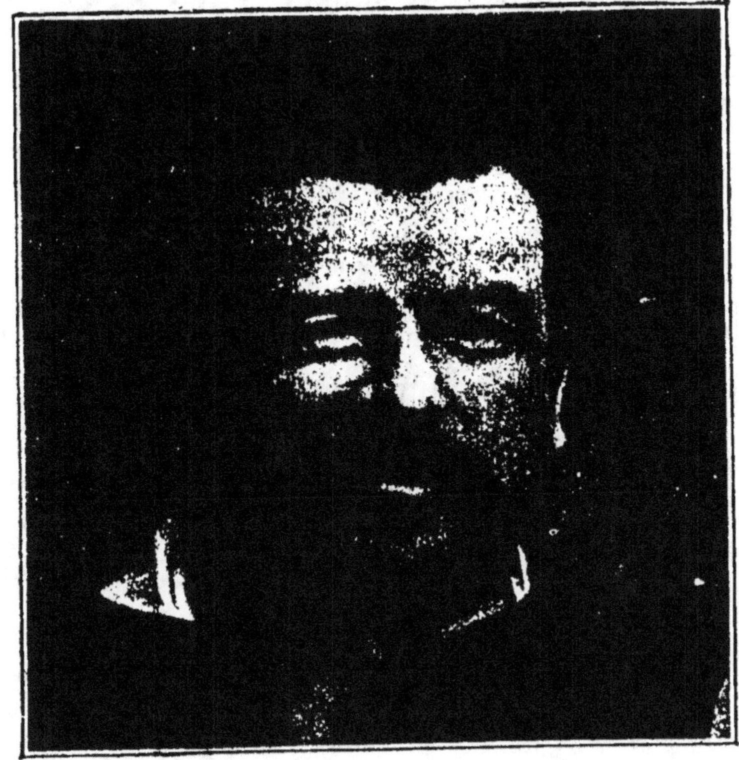

Fig. 16.

ciation fonctionnelle que nous avons indiquées.

Une excitation partie des fibres centrales du
facial va donc se réfléchir sur le noyau bulbaire
et provoquer le sourire en vertu de la loi d'équilibre et de moindre effort que nous connaissons.

Le phénomène, quoique d'origine corticale, est le
même que dans le cas d'une excitation électrique,
mais ici l'excitation se répand d'une façon continue et plus régulière le long du nerf et de ses
prolongements qu'elle atteint directement sans
avoir à traverser, comme l'excitation électrique,
des tissus interposés, et l'expression de la face
est la reproduction exacte du sourire au lieu
d'en être la caricature.

La contracture hystérique est de celles qui ne
s'expliquent ni par une excitation réflexe morbide
ni par une lésion anatomique des centres; « la
seule cause qu'on puisse invoquer, dit M. Richet[1],
est une excitabilité spéciale du système nerveux »; aussi propose-t-il de désigner par le
nom de dynamiques les contractures de l'hystérie. « De fait, ajoute-t-il, l'hystérie consiste essen-
tiellement en un double syndrome : excitabilité
exagérée des phénomènes d'innervation médul-
laire, diminution des phénomènes d'inhibition ou
de modération venant du système nerveux central.
Il s'ensuit que toute excitation réflexe sera exagérée dans ses effets et que les centres nerveux
volontaires ne pourront plus l'arrêter, la modé-
rer. L'hystérie réalise, sans lésions anatomiques,

---

1. *Dict. de Physiologie*, t. IV, p. 597.

ce que produit l'hémiplégie avec dégénérescence descendante du faisceau pyramidal. Les centres volontaires sont sans action et l'excitabilité des faisceaux médullaires est accrue. »

Dans la contracture hystérique de la face,

Fig. 17.

nous pouvons donc admettre, suivant cette définition, que l'excitabilité des faisceaux bulbaires est accrue tandis que l'action inhibitrice de l'écorce est réduite à rien et, si notre théorie est exacte, nous devons pour une contracture légère trouver encore, dans la disposition des muscles contracturés, une expression très ana-

logue au sourire. C'est ce que l'expérience vérifie.

Voici d'abord la photographie de Cécile, une
jeune fille de seize ans qui s'est présentée à la
consultation externe de la Salpêtrière le 24 juin
1890[1] (fig. 17).

A l'âge de huit mois, elle avait eu des convul-
sions violentes à la suite desquelles on avait constaté une hémiplégie avec contracture du côté
droit.

L'avant-bras était fléchi sur le bras qui restait
collé au tronc; la jambe droite était aussi dans
la flexion, quoique à un degré moindre.

Cette contracture a dû disparaître assez tôt, car
dans l'âge de la première enfance Cécile jouait
et marchait comme les autres fillettes de son
âge.

De seize mois à six ans, elle a eu des crises
bizarres pendant lesquelles elle poussait des cris
horribles sans trépigner, ni s'agiter.

A sept ans, nouvelle contracture du bras droit
accompagnée d'une déviation de la face. A huit
ans, elle a eu des accès de somnambulisme qui
duraient encore en 1890.

A onze ans, elle a commencé à éprouver ce

____

1. *Nouvelle Iconographie de la Salpêtrière*, t. IV, p. 124, observation du Dr Souques.

qu'elle appelle des crampes; pendant la nuit elle sentait des tiraillements douloureux dans les jambes et le bras droit; puis des battements de cœur et des nausées.

A douze ans, elle a été atteinte d'une amblyopie de l'œil droit; à quatorze ans, elle a eu de nouvelles attaques de contracture. Au moment où l'observation a été prise, elle présentait une hémianesthésie droite complète et profonde pour tous les modes de la sensibilité, une abolition du sens musculaire et une obnubilation très marquée du sens articulaire.

A la face on pouvait constater un hémispasme hystérique que la figure 17 reproduit.

Or cet hémispasme est un demi-sourire aussi complet et aussi gracieux que nous pouvions le souhaiter et l'on peut voir que les principaux muscles du sourire que le facial innerve y participent.

Les zygomatiques, le dilatateur des narines, l'orbiculaire des yeux sont nettement contracturés et c'est de leur contracture que provient l'expression souriante; au contraire, le triangulaire des lèvres et le carré du menton, l'orbiculaire des lèvres et les muscles antagonistes du sourire paraissent être au repos ou contracturés de façon imperceptible.

L'excitabilité anormale du facial s'est donc manifestée ici par les seules contractures qui soient compatibles avec la loi de moindre résistance et d'équilibre.

C'est toujours le même résultat que nous obtenions avec les excitations faradiques légères du facial, mais infiniment plus précis et plus net pour des raisons que je n'ai pas besoin de répéter [1].

Remarquons d'ailleurs que ce résultat ne se produit que parce que nous avons affaire ici à un hémispasme léger.

Nous avons vu qu'une excitation électrique trop forte donnait naissance à une expression composite où des muscles étrangers au sourire intervenaient et qui méritait tout au plus le nom de grimace (fig. 18).

De même avec un hémispasme plus fort nous verrions des contractures se marquer davantage dans les muscles précédents, se produire dans des muscles nouveaux et une expression grimaçante apparaître où nous retrouverions avec

1. Ajoutons que ce résultat est de tout point conforme à la règle que M. Déjerine énonce pour les contractures (in *op. cit.*, p. 717). « D'une manière générale, écrit-il, la contracture frappe tous les muscles, et se distribuant ainsi à des associations fonctionnelles de muscles, la prédominance d'un groupe sur les antagonistes détermine des attitudes variables selon les régions intéressées. »

peine les éléments déformés du sourire primitif.

Considérez par exemple la figure 19, que je dois à l'obligeance de M. le professeur Pitres et où l'on distingue très nettement tous les

Fig. 18.

caractères d'un hémispasme facial des plus prononcés. Le triangulaire et l'orbiculaire des lèvres contracturés luttent contre la contracture des zygomatiques, tandis que l'orbiculaire des yeux ferme complètement la fente palpébrale et rabaisse le sourcil.

Il faut donc que l'hémispasme soit léger pour qu'il y ait sourire ; c'est une condition essentielle,

et nous pouvons conclure que toute excitation
pathologique du nerf facial, quel que soit son
point d'origine, provoque, pourvu qu'elle soit
légère, l'expression de la joie ; qu'il s'agisse
d'hypertonus comme dans l'excitation maniaque,

Fig. 19.

de contracture comme dans l'hémiplégie ou
l'hystérie, nous rencontrons toujours le sourire
comme résultat final.

Une paralysie faciale qui supprime le tonus
permanent des muscles du visage supprime tous
les reliefs de la physionomie en allongeant tous
les traits ; une excitation légère normale, artificielle ou pathologique, produit exactement
l'expression contraire, et ces alternances d'ato-

nic et d'hypotonie, de tonus et d'hypertonus font les différentes nuances de l'expression triste ou joyeuse.

C'est donc à une vérification de notre théorie mécanique du sourire que nous aboutissons toujours. Nous l'avons d'abord justifiée par l'étude anatomique des muscles du visage et de leurs associations fonctionnelles; nous l'avons ensuite établie par l'expérimentation électrique, et finalement voici que l'étude des paralysies et des contractures du facial nous en apporte une confirmation de plus.

Nous pouvons donc regarder cette théorie du sourire comme démontrée et la résumer de nouveau en disant que *le sourire est la réaction motrice la plus facile des muscles du visage pour toute excitation légère du facial, que cette excitation soit sensitive, électrique, circulatoire, traumatique ou inflammatoire.*

Mais une théorie mécanique du sourire ne saurait nous donner l'explication de tous les sens que cette expression a pris dans la vie sociale, et le moment est venu de faire place à la psychologie.

CHAPITRE IV

PSYCHOLOGIE DU SOURIRE

Nous connaissons maintenant la physiologie et la pathologie du sourire spontané et le mécanisme de cette expression réflexe; mais ce sourire, bien que très fréquent, est relativement rare par rapport à tous les sourires volontaires dont le visage humain s'éclaire sans cesse. On nous présente quelqu'un et nous saluons en souriant, on nous passe un plat à table et nous le prenons ou le refusons en souriant, on nous rend un menu service et nous remercions en souriant; le sourire volontaire accompagne de la sorte tous les actes de la vie sociale où nous voulons être polis; sous une forme plus ou moins marquée, les sourires des hommes sont presque aussi nombreux que les « sourires innombrables des flots ». Le problème psychologique est de savoir comment et pourquoi l'homme a transformé un simple réflexe mécanique en un signe aussi usuel que le sourire voulu.

Remarquons d'abord qu'en lui-même le sourire réflexe n'avait aucun sens psychologique : c'était à l'origine, et c'est toujours encore un ensemble de contractions associées par lesquelles l'excitation se décharge; le mot d'expression dont nous nous sommes servis pour le désigner est physiologiquement vide de sens, et ne peut se comprendre que si l'on suppose à côté de la vie physiologique **une** vie sociale où l'expression sera interprétée et comprise.

Sans doute tous les physiologistes ne nous accorderont pas ce principe; à la suite de Duchenne (de Boulogne) un grand nombre admettent encore qu'il y a des muscles physiologiquement expressifs et Duchenne a donné bravement la formule de cette conception lorsqu'il a osé écrire : « Le créateur n'a pas eu à se préoccuper ici des besoins de la mécanique; il a pu, selon sa sagesse, ou — que l'on me pardonne cette manière de parler — par une divine fantaisie, mettre en action tel ou tel muscle, un seul ou plusieurs à la fois, lorsqu'il a voulu que les signes des caractéristiques des passions, même les plus fugaces, fussent écrits passagèrement sur la face de l'homme. Ce langage de physionomie une fois créé, il lui a suffi pour le rendre universel et immuable. de donner à tout être humain la faculté instinctive d'exprimer toujours ses sentiments par la contraction des mêmes muscles[1].

Ainsi l'expression, fait social, se trouverait déjà préparée par une sorte de décret divin antérieurement à la vie sociale et l'homme viendrait au monde avec ses muscles d'expression comme il naît avec ses organes de la digestion ou de la circulation.

Darwin faisait déjà à cette conception théologique des objections également théologiques lorsqu'il écrivait : « Le simple fait que les singes anthropoïdes possèdent les mêmes muscles faciaux que nous, rend déjà très invraisemblable l'opinion que ces muscles servent exclusivement chez nous à l'expression du visage ; car personne, je présume, ne sera disposé à admettre que les singes ont été pourvus de muscles spéciaux uniquement pour exécuter leurs hideuses grimaces [2]. »

Mais on peut présenter des objections plus sérieuses.

Les prétendus muscles de l'expression se retrouvent en effet dans la série animale chez des

---

1. *Mécanisme de la physionomie humaine*, 2ᵉ édit., p. 31. Cf. Sir Charles Bell, *Anatomy of expression*, 3ᵉ édit., p. 98, 121, 131.
2. *Op. cit.*, p. 10.

animaux plus simples que l'homme où ils n'ont jamais rien exprimé; les filets zygomatiques existent déjà chez des rongeurs qui n'ont jamais souri : le buccinateur, le releveur de la lèvre supérieure, le canin sont faciles à distinguer chez le surmulot, chez le cobaye, chez l'écureuil; à plus forte raison les carnivores et les primates, dont la mimique expressive est cependant rudimentaire, présentent-ils dans la musculature de la face la plupart des muscles que nous avons signalés chez l'homme [1].

D'autre part il ne serait pas très difficile, en dehors de toute psychologie émotionnelle, d'indiquer la véritable fonction physiologique de tous les muscles de la face; sans parler des orbiculaires des yeux et des lèvres dont la fonction est évidente, on pourrait sans trop de peine montrer que les muscles sourciliers, grand et petit zygomatiques, releveur de l'aile du nez et de la lèvre supérieure, canin, risorius, buccinateur, transverse du nez, dilatateur de l'aile du nez, etc., etc., facilitent ou empêchent l'exercice des sens visuel, olfactif et gustatif, exercent des fonctions accessoires de la mastication, servent à sucer, à cracher, etc.

---

1. Cf. sur cette question : J.-B. Vincent, *Recherches morphologiques sur les muscles mimiques*. Thèse de Bordeaux, 1889.

C'est là une vérité de physiologie qui n'a pas échappé à Wundt, et qu'il a très justement mise en lumière avant de formuler son célèbre principe de l'*Association des sensations analogues*.

C'est donc en les détournant de leurs fonctions primitives que nous avons dressé nos muscles à l'expression des sentiments et les théories de Wundt et de Darwin, si contestables à certains égards, n'ont pas eu d'autre objet que de nous apprendre comment l'homme avait pu faire sortir un langage émotionnel du jeu purement physiologique de ses muscles.

Eh bien, ce qui est vrai de tous les muscles de la face l'est particulièrement de ceux du sourire; leurs contractions légères, la forme arrondie qu'elles donnent au visage, l'ascension générale des traits qui en résulte, voilà autant de faits physiologiques où la mécanique intervient seule, et où la psychologie des sentiments n'a tout d'abord rien à voir.

Bien mieux, tous ces phénomènes musculaires paraissent inutiles au point de vue biologique; ils ne protègent, ne facilitent ou n'empêchent aucune fonction; ils traduisent simplement, par une forme particulière de groupement, l'excitation légère du facial et se groupent et se contractent d'ailleurs de la même façon, que l'excitation soit électrique, sensitive ou nutritive.

Nous sommes donc en présence d'un fait mécanique, d'un réflexe de décharge, dont nous avons fait le plus social de nos gestes expressifs. — Comment s'est opérée la transformation ? — Toujours en vertu du principe d'économie, de moindre action et finalement de mécanique simple, qui, après avoir gouverné la naissance du sourire, en va régir l'évolution.

*
* *

C'est un fait que les excitations légères sont agréables; Wundt écrit en termes précis : « L'expérience atteste que dans tous les domaines sensoriels, les excitations d'énergie modérée sont spécialement accompagnées de sentiments de plaisir. — Ainsi des sentiments de plaisir définis s'unissent avec les sensations de chatouillement qui sont dues à des irritants cutanés doués de faible énergie et alternant rapidement avec les sensations d'effort musculaire modéré et de fatigue musculaire [1] ».

On pourrait, pour chacun de nos sens, donner

1. *Op. cit.*, I, p. 328.

des exemples analogues et montrer que le plaisir s'associe aux excitations modérées de la vue,
de l'ouïe, du goût, de l'odorat, de même qu'au
travail modéré de notre pensée ou de nos muscles; la loi du plaisir est à peu près générale et,
bien qu'il y signale quelques exceptions, M. Ribot l'accepte et la formule à peu près dans les
mêmes termes que Wundt.

Il est donc tout naturel que l'hypertonus qui
ne traduit que l'excitation modérée du facial ait
été considéré de bonne heure comme un signe
de joie légère, de plaisir, et que ce jeu de physionomie uniquement physiologique ait de lui-
même, dans la vie sociale, pris spontanément un
sens expressif. — La même chose a dû arriver
pour les cris de souffrance qui ne traduisaient à
l'origine qu'une excitation trop forte et dont
nous avons fait le signe psychologique de la
douleur uniquement parce qu'ils s'y associaient.

Le premier résultat de la vie sociale consiste,
sur ce point, par le simple jeu de l'association
des idées, à faire un signe de ce qui n'était
qu'un mouvement ou un cri pour la nature;
alors, mais alors seulement, nous avons le droit
de dire que le sourire prend un sens psychologique: encore est-il bon de remarquer qu'il ne
doit ce sens à aucune vertu spéciale, mais à la

loi de mécanique qui l'a associé avec le plaisir.
— Avec ces réserves et sous ces restrictions, il est bien, comme l'on dit, le signe naturel de la joie.

Il ne reste plus à cette expression naturelle que de devenir conventionnelle, à ce réflexe que de devenir un signe, pour que le sourire voulu, réfléchi soit créé.

On a beaucoup écrit sur le langage des gestes et sur les raisons pratiques et théoriques qui l'ont empêché de prévaloir dans l'humanité sur le langage parlé. « Le langage des gestes, dit M. Ribot, outre qu'il monopolise les mains et les empêche de vaquer à un autre travail, a le grand désavantage de ne pas porter loin et d'être impossible dans l'obscurité. Ajoutons son caractère vague et sa nature imitative qui ne lui permet pas de s'affranchir du concret, de s'en détacher complètement, de traduire ce qui n'est pas représentable [1]. »

Ces raisons sont excellentes contre les gestes qui prétendent à imiter soit une chose, soit un acte. Si pour désigner un cheval, par exemple, je suis obligé « de figurer la mobilité de ses oreilles ou deux doigts à cheval sur un autre [2] »,

1. *L'Évolution des idées générales*, p. 63. (Paris, F. Alcan.)
2. *Ibid.*, p. 50.

j'aurai incontestablement les mains occupées et je serai, de par mon geste imitatif, rivé au concret, au particulier, incapable d'atteindre par lui à l'indépendance et à la généralité du mot; mais la question change de face avec les signes que nous tirons de notre langage émotionnel spontané. — Ici, il ne s'agit pas de représenter une chose ou un acte, mais d'exprimer un état; nous pouvons la plupart du temps n'engager que les muscles du visage et, comme ces signes ne prétendent à aucune espèce d'imitation, ils ont par eux-mêmes et du premier coup une indépendance et une généralité que les gestes d'imitation n'atteignent guère. — Nous pouvons donc nous en servir très facilement et très vite lorsque nous croyons utile ou convenable d'exprimer des sentiments qu'ils expriment naturellement; il nous suffit dans ce cas d'imiter, par un mouvement volontaire, un mouvement réflexe et nous avons, par là même, transformé le réflexe en signe conventionnel.

Le sourire est à l'origine une simple réaction mécanique; puis il nous apparaît en vertu d'une association physiologique comme l'expression naturelle de la joie et finalement nous en faisons, par la simple imitation de nous-même, le signe volontaire de ce sentiment.

On pourrait trouver dans le langage des émotions bien d'autres exemples de ce genre de transformation [1], mais en aucun cas la généralisation n'est aussi étendue que pour le sourire.

Déjà la nature elle-même tendait à faire de ce réflexe une expression générale en l'associant à toutes les formes si variées et si multiples de la satisfaction et de la joie; l'homme a continué la nature et il use du sourire dans tous les accidents de la vie en commun où il veut paraître éprouver du plaisir.

Il associe ainsi le sourire non seulement à l'expression volontaire de tous les sentiments agréables et en particulier des sentiments tendres, tels que l'amour, l'affection, la reconnaissance, mais à un grand nombre des actes sociaux. Le sourire veut dire alors : « J'ai du plaisir à vous voir, à causer un moment avec vous, à vous indiquer votre chemin, à vous prêter un livre. »

Nous généralisons notre réflexe, nous en usons sans cesse, nous en jouons, mais il ne serait pas difficile de remonter la série des associations

---

1. En particulier : la contraction automatique du frontal, signe naturel de l'attention et *volontairement* reproduite lorsque, par politesse, nous voulons paraître écouter ; l'abaissement des commissures labiales, signe naturel de la tristesse et *volontairement* reproduite lorsque nous voulons exprimer le désappointement. L'imitation volontaire de nos réflexes est une des lois les plus générales de l'expression.

qui relient notre sourire social au sourire biologique et mécanique dont il est sorti.

La généralisation aurait pu d'ailleurs s'étendre davantage et le sourire social s'écarter encore plus de sa racine, sous l'influence d'une civilisation plus délicate ou plus artificielle que la nôtre, et qui en aurait fait comme l'expression obligatoire et stéréotypée de la vie sociale.

Si l'on en croit M. Lafcadio Hearn[1], aucun peuple n'a étendu le sens du sourire et n'en a généralisé l'expression comme les Japonais. « Un Japonais, écrit-il, peut sourire et sourit jusque dans les griffes de la mort, pour les mêmes raisons que dans toutes les circonstances de sa vie; il n'y a là ni bravade ni hypocrisie, non plus que cette sorte de résignation maladive que nous considérons volontiers comme l'indice d'une certaine faiblesse de caractère; c'est une loi d'étiquette, élaborée et cultivée de longue date, c'est encore un silencieux langage. »

C'est le sourire de civilisation et de politesse tel que nous le connaissons déjà et dont on peut très bien retrouver l'origine dans le sourire réflexe du plaisir; mais le Japonais va plus loin encore : il sourit dans la tristesse, il sourit dans

---

1. *Revue de Paris*, 15 juillet 1900, *Le sourire japonais*, p. 431.

la souffrance et cette expression peut paraître, dans ce cas, légèrement paradoxale.

« Je vis l'autre jour, raconte à M. Hearn[1] une dame anglaise de Yokohama, ma servante japonaise venir à moi la mine souriante, comme s'il lui était arrivé quelque chose de fort agréable; au lieu de cela elle m'apprend que son mari vient de mourir et me demande d'assister à ses funérailles. »

Dans les cas de ce genre, pour comprendre le sourire il faut se dire que le Japonais a fait un pas de plus que l'Européen dans l'extension et la généralisation de son sourire. Cette expression veut dire : « Je ne vous demande pas de vous affliger avec moi; je garde ma douleur, ma souffrance ou ma honte pour moi seul; je ne veux pas vous obliger à la partager, ne fût-ce qu'un moment. » « Dans l'esprit du plus pauvre paysan, dit M. Hearn[2], règne cette conviction que laisser paraître aux yeux du public l'expression d'une colère ou d'une peine personnelle est rarement utile, toujours désobligeant. Il s'ensuit que, bien que le chagrin naturel ait au Japon, comme ailleurs, son issue naturelle, une explosion de larmes qu'on n'a pu réprimer en présence

1. *Op. cit.*, p. 432.
2. *Ibid.*, p. 438.

d'un supérieur, d'un convive, est considérée comme une inconvenance, et que les premières paroles de la plus illettrée des campagnardes seront invariablement, après que les nerfs auront cédé : « Pardonnez mon égoïsme et mon impolitesse. »

De cette première loi du sourire s'en est déduite une seconde, dont la pratique, en ce qui concerne la sensibilité japonaise, a porté les étrangers aux jugements les plus erronés. Il est d'usage, si vous êtes dans l'obligation *absolue* de faire part d'un événement pénible ou très malheureux, de le faire en souriant. Plus le sujet est grave, plus s'accentue le sourire. » Ici le sourire est bien loin de son origine physiologique, il est complètement déraciné, ce n'est plus le signe naturel de la joie, ce n'en est même plus le signe voulu ; c'est l'expression polie sous laquelle chacun cache aux autres ce que son âme a de souffrances ou de deuils. Et pourtant, on peut encore retrouver les intermédiaires qui ont fait passer l'humanité du réflexe primitif des muscles du visage à ce sourire de haute civilisation. Ne veut-il pas dire : « Ayez de la joie, ne trouvez sur mon visage que les signes du plaisir. » Et ne se rattache-t-il pas encore par ce sens à sa lointaine origine ?

C'est donc par des analogies de plus en plus larges que l'homme a étendu le sens du sourire dont la nature l'avait spontanément doté, et dont il a fini par ne faire qu'une expression de politesse, banale quand elle n'exprime rien de plus, et très délicate au contraire quand elle dissimule de la confusion ou de la douleur.

Est-il nécessaire d'ajouter qu'entre le sourire naturel, le simple réflexe, et le sourire voulu, réfléchi, il y a place pour une série de sourires qu'on peut appeler automatiques ? Les joies qui amènent sur nos lèvres les sourires spontanés sont assez rares, et, d'autre part, la volonté est à peu près absente de la plupart des sourires de politesse que nous distribuons en un jour ; tous ces sourires ont pu être conscients à un moment donné de notre existence, mais de bonne heure l'habitude les a provoqués et régis. L'homme sourit dans la vie sociale comme il lève son chapeau ; dans le plus grand nombre des cas, il ignore même qu'il a souri.

.
. .

A ces sourires de la joie se rattachent par des liens de parenté manifestes les sourires de l'amour, des sentiments tendres et agréables :

mais ces sourires de plaisir et les sourires de politesse qui en dérivent ne sont pas tous les sourires. Il y a des sourires narquois, des sourires de dédain, des sourires de défi, des sourires moqueurs, des sourires amers, des sourires de résignation et de tristesse, des sourires pincés, etc., etc. Nous avons ainsi créé des variétés nombreuses du sourire, assez différentes du simple sourire de plaisir et qu'une psychologie du sourire doit expliquer, sous peine d'être incomplète.

C'est le moment de parler d'une variété de sourires que nous avons distingués dès le début de notre étude et que nous avons appelés les sourires du comique en les opposant aux sourires du simple plaisir.

Nous n'avons pas à faire une théorie du comique et nous serions d'ailleurs fort embarrassés si nous avions à donner une solution de ce problème, qui, suivant les expressions de M. Bergson, « se dérobe sous l'effort, glisse, s'échappe, impertinent défi jeté à la spéculation philosophique [1] ».

Mais le rire du comique est un fait, et, à ne le prendre que comme tel, on y peut rattacher toute

1. *Le Rire*, p. 1. (Paris, F. Alcan, 1900).

une catégorie de sourires que la théorie précédente ne suffirait pas à expliquer.

Physiologiquement, nous n'aurions qu'à nous répéter sur le mécanisme de ce sourire : que l'excitation motrice du rire relève du comique ou du simple plaisir, elle provoque toujours une expression de sourire alors qu'elle est encore légère et limitée aux muscles de la face.

Le sourire du comique n'est donc à l'origine, comme le rire du comique lui-même, qu'un simple réflexe, réflexe cortical si l'on veut, puisque la cause du comique est une perception intellectuelle, mais réflexe cependant si l'on tient compte que les mouvements qui le traduisent ne sont en aucune manière voulus et ne l'ont jamais été.

Et ce réflexe, *avec ses causes psychiques*, est bien, comme on l'a dit, particulier à l'homme puisqu'il suppose l'intelligence du comique. Sans doute les animaux sourient et nous avons signalé plus haut les sourires du chien, du chat, du singe, de la pie, mais ce sont là des sourires de plaisir, analogues dans leur mécanisme physiologique au seul sourire précédent. Le sourire du comique est, comme le rire du comique, un réflexe humain.

Pas plus que le sourire du plaisir, le sourire du comique n'est donc, par sa racine, une expression véritable ; en lui-même il n'a aucun sens psychologique : il traduit seulement l'excitation des muscles du visage. Spencer remarque à propos du rire, que toute l'agitation motrice dont il se compose est sans but, contrairement aux mouvements corporels des autres émotions qui sont, pour un certain nombre au moins, dirigés vers une fin utile. Nous n'avons pas dit autre chose à propos du sourire du plaisir et nous pouvons nous répéter ici : le sourire du rire, comme son congénère, est un réflexe de simple décharge et ne traduit d'abord que l'excitation.

Mais ce réflexe si souvent associé par la nature aux impressions comiques a de bonne heure, dans la vie sociale, pris un sens expressif ; il est devenu, en vertu d'une interprétation spontanée et légitime, un signe naturel, une expression, tout de même que le sourire de plaisir devenait le signe naturel de la joie.

Puis nous avons imité volontairement le sourire du comique pour les mêmes raisons et par la même loi que nous imitons le sourire de la joie. Nous sourions ainsi, par politesse, d'un mot médiocre et qui veut être bon, d'une histoire ennuyeuse dont on croit nous divertir, d'une plaisanterie ou d'un trait manqués, et ces sourires, bien que très analogues aux sourires de société dont nous parlions tout à l'heure, s'en distinguent cependant parce qu'ils simulent non le plaisir en général, mais le plaisir du comique. Ils constituent d'ailleurs, comme les premiers, un véritable langage conventionnel, aussi facile, aussi usuel, et prêteraient aux mêmes considérations psychologiques.

Deux espèces de sourire nées d'un fond commun d'excitation, mais déjà distinctes dans leur sens naturel et à plus forte raison dans leur sens conventionnel, nous sont ainsi données. Ces deux espèces de sourire vont suffire à nous expliquer par leurs croisements et leurs combinaisons avec des expressions voisines tantôt réflexes, tantôt volontaires et le plus souvent automatiques, le sourire amer, le sourire de défi, comme le sourire de dédain ou le sourire de résignation, c'est-à-dire les nombreuses variétés du sourire.

* * *

Et d'abord il faut bien reconnaître, dût cet aveu compromettre un peu la clarté des distinctions précédentes, que beaucoup de sourires tiennent à la fois du comique et du simple plaisir ; les deux états psychologiques, quoique distincts, peuvent s'associer et les causes physiologiques qui sont les mêmes facilitent la fusion.

Après un bon dîner, par exemple, pourquoi rit-on ou sourit-on de rien et dans quelle catégorie ranger ces sourires? M. Melinand, dans le bel article qu'il a consacré au rire [1], n'hésite pas à faire appel ici aux seules causes habituelles du comique favorisées à son avis par l'exaltation momentanée de nos facultés intellectuelles. Si le bien-être corporel nous dispose à rire, c'est, dit-il, « qu'il rend l'esprit plus libre et plus agile. Lorsqu'aucune sensation pénible ne monte des profondeurs de l'organisme ; lorsque tous nos rouages jouent bien, lorsque rien n'y grince, notre esprit se meut avec plus d'aisance. Nous voyons plus vite ce qu'il y a d'insolite dans les objets, plus vite aussi ce qui s'y trouve de familier [2]. Si nous rions plus, c'est que les deux faces des choses plaisantes nous apparaissent facilement. »

En admettant que cette explication renferme une part de vérité on doit bien se dire aussi que le bien-être corporel, se traduisant par l'hyperto-

---

1. *Revue des Deux Mondes*. 1er février 1895. *Pourquoi rit-on ?* p. 629.

2. Allusion à la théorie très originale du comique que défend l'auteur.

nus, tend de lui-même à produire le sourire et le rire en préparant tous les muscles de notre visage à l'exprimer. Nous sommes, pour ainsi dire, en état de grâce pour recevoir non seulement les impressions comiques mais toutes les impressions agréables, et c'est la raison pourquoi les sourires d'une bonne digestion et les accès de gaieté dont ils font partie sont assez complexes d'origine, malgré la pauvreté coutumière de leurs causes psychologiques. Ce sont à la fois des sourires de comique et des sourires de bien-être.

A côté de ces sourires mixtes il en est d'autres plus complexes et moins purs formés par la combinaison de l'un ou de l'autre sourire avec des expressions émotionnelles diverses, et qui constituent des variétés aussi intéressantes que les espèces.

Le sourire amer correspond physiologiquement à l'association des mouvements ordinaires du sourire avec l'expression de la bouche et des lèvres que provoquent certaines saveurs désagréables et en particulier les saveurs amères. Cette expression bien connue est caractérisée de la façon suivante par Piderit : « La lèvre supérieure est éloignée le plus possible de la lèvre inférieure, comme le palais l'est de la langue, par le fait que les muscles releveurs de la lèvre supérieure et des ailes du nez le tirent en haut... Le rebord rouge de la lèvre supérieure est attiré en haut, au milieu de sa moitié latérale, et entre ces deux points la lèvre supérieure est renversée, de sorte que la ligne de profil de la lèvre supérieure paraît un peu brisée ; en même temps les ailes du nez sont relevées et alors les deux sillons naso-labiaux, c'est-à-dire les sillons qui, partant des ailes du nez se dirigent obliquement et se continuent jusqu'à la commissure des lèvres, apparaissent près des ailes du nez, fortement prononcés et singulièrement rectilignes. Dans ce mouvement de la bouche, la peau du nez se plisse également ; c'est une suite du relèvement des lèvres [1]. »

Cette expression qui accompagne non seulement les sensations amères mais les douleurs morales que nous qualifions de ce nom, présente, comme on peut le voir, de très grandes analogies avec la partie naso-labiale du sourire ; non seulement il n'y pas d'antagonisme, mais, à l'exclusion des zygomatiques et sous une forme plus ou moins marquée, ce sont les mêmes muscles qui se contractent ; on comprend donc sans

1. Piderit, *Op. cit.*, p. 95-96.

peine que les deux expressions aient pu fusionner dans le sourire amer.

Psychologiquement l'opposition semble plus grande entre l'amertume et les sentiments qui habituellement nous font sourire, mais le sourire n'est pas ici le sourire simple du plaisir : c'est un sourire qui dérive du comique et qui témoigne, comme le rire du comique lui-même, de la conscience que nous avons de notre supériorité; le sourire amer est celui de l'homme qui se croit accablé injustement par les hommes ou par le destin.

Le sourire du dédain, qui provient également du comique et non du plaisir, s'explique par des associations analogues de mouvements et de sentiments; quelquefois le simple sourire suffit sans association d'aucune sorte pour traduire le dédain. Ce qu'il exprime alors c'est la supériorité tranquille et sûre d'elle-même : « Assez souvent, dit Darwin, la raillerie se manifeste par un sourire où un rire véritable; c'est lorsque l'auteur de l'offense est si infime qu'il ne peut éveiller que de la gaieté; celle-ci pourtant n'est guère jamais de bon aloi. Gaika, répondant à mes questions, fait remarquer que les Cafres, ses compatriotes, expriment ordinairement le mépris par un sourire; le rajah Brooke fait la même observation relativement aux Dyaks de Bornéo[1]. »

La plupart du temps le sourire du mépris est plus compliqué et s'associe avec un certain nombre des mouvements qui expriment le dédain.

« La manière la plus ordinaire de manifester le mépris consiste, dit Darwin, dans certains mouvements de la région nasale et buccale; ces derniers pourtant, lorsqu'ils sont trop prononcés annoncent le dégoût. Le nez se relève parfois un peu, ce qui provient sans doute de l'ascension de la lèvre supérieure, d'autres fois le mouvement se réduit à un simple plissement de la peau du nez. Souvent les narines sont légèrement contractées, comme pour resserrer leur orifice; il se produit en même temps un petit reniflement, une brève expiration. Tous ces actes sont les mêmes que ceux que provoque la perception d'une odeur désagréable que nous désirons éviter ou dont nous désirons nous débarrasser[2]. »

Quelques-uns de ces mouvements ne peuvent pas s'associer avec ceux du sourire pour des raisons d'antagonisme mécanique; par exemple la fermeture, même légère, des narines est difficile avec une contraction marquée des zygomatiques; de même la moue du dédain et du

1. Darwin, *op. cit.*, p. 277.
2. *Ibid.*, p. 278.

dégoût, à laquelle Darwin fait allusion plus haut, exige non seulement la rétraction de la lèvre supérieure, mais le renversement de la lèvre inférieure, et ce dernier mouvement ne peut s'accomplir sans une contraction du carré du menton, antagoniste des releveurs des commissures. Le sourire du dédain sera caractérisé surtout par une moue de la lèvre supérieure et une élévation du nez associée avec une contraction des muscles zygomatiques.

Supposez maintenant que le même sentiment de la supériorité qui s'exprime dans le sourire du comique s'associe avec le sentiment très voisin du défi, vous avez encore un état mental complexe mais cohérent qui trouvera son expression naturelle dans la combinaison du sourire et du défi. Or le défi se caractérise surtout, dans les muscles du visage, par le relèvement très particulier de la lèvre supérieure qui tend à découvrir et même découvre quelquefois une seule des canines. L'origine de cette expression est obscure, bien que Darwin ait cru pouvoir l'expliquer par son *principe des habitudes utiles*, en supposant un peu vite [1] que, parmi nos ancêtres semi-humains, les mâles possédaient de fortes canines

---

1. *Op. cit.*, p. 275.

qu'ils découvraient et dont ils se servaient dans leurs batailles; mais quelle que soit l'origine de cette expression on comprend qu'elle puisse sans difficulté se fondre avec le sourire. Il suffit pour cela que pendant le sourire la lèvre supérieure se relève légèrement sur l'une ou l'autre des canines; à la vérité ce relèvement spécial ne pourrait pas s'opérer si les zygomatiques et le risorius tiraient fortement sur les commissures et tendaient la lèvre supérieure en la relevant d'une façon uniforme sur les dents du haut; aussi n'est-ce qu'un léger sourire qui s'unit à l'expression du défi; le sourire doit perdre ici de sa précision et de sa force pour pouvoir s'associer.

Si l'on en croit Darwin, le sourire moqueur se rattache de très près par sa signification psychologique et son expression au sourire précédent; et nous avons ainsi cinq combinaisons importantes du sourire du comique avec des expressions voisines, combinaisons où nous pouvons suivre sans trop de peine le mélange des éléments psychiques et le mélange parallèle des éléments moteurs.

Le sourire du plaisir n'a guère donné naissance qu'à une combinaison intéressante, le sourire de résignation, expression très fugitive qui intervient par intervalles dans la tristesse pour couper ou modifier légèrement l'expression tombante des traits du visage ; la fusion proprement dite des deux expressions est ici très difficile puisqu'elles sont nettement antagonistes; aussi n'est-ce guère que par sa faiblesse et son association avec l'attitude générale de la tête et du corps qu'un sourire nous apparaît comme résigné; moralement il n'affirme que la paix volontaire de l'âme, son désir de ne pas réagir contre la destinée et de s'en accommoder quand même; très différent en cela des sourires d'amertume où il entre toujours un sentiment de révolte ou de protestation.

Nous brodons ainsi sur les deux espèces de sourire qui nous viennent du simple plaisir ou du comique, soit en étendant leur sens, soit en les fusionnant avec d'autres expressions, les variétés nombreuses de nos sourires résignés ou amers, dédaigneux ou compatissants, affectueux ou menaçants; mais sous la diversité multiple et changeante de ce langage muet, le fond original ne disparaît jamais complètement, et, pour un léger effort d'analyse, toujours se retrouve.

On peut remarquer toutefois que le sourire du plaisir n'exprimant qu'un état général de joie, n'a pu s'associer naturellement ou artificiellement qu'aux sentiments de joie sincère ou de joie simulée. — Il a pu se généraliser, s'étendre, devenir l'expression banale et voulue de la politesse, mais il n'a jamais exprimé rien de plus sous sa forme sociale que sous sa forme biologique, le plaisir. Son développement, quoique très grand, a été simple à cause de la simplicité du sentiment qu'il emportait avec lui.

Au contraire, le sourire du comique était riche de sens multiples ; il tenait de son origine et de l'ironie, et du dédain, et de l'orgueil ; il était chargé de tous ces sentiments si divers qui sont exprimés par le rire et il a pu entrer de la sorte dans des combinaisons moins fréquentes peut-être, mais plus variées.

Tandis que le sourire du plaisir devenait un signe banal, le sourire du rire restait une expression pleine de nuances ; à côté de ce sourire de joie qui n'aurait pu se combiner avec le défi, le dédain, le mépris sans perdre tout son sens, il constituait une expression mobile, intelligente, commode, dont l'analyse précédente n'a pu égaler la diversité.

* *

Mais les variétés du sourire, quelque diversité que les progrès de l'intelligence et de la vie sociale y aient introduite, ne sont pas si diffé-

rentes qu'elles ne se puissent réduire à l'unité,
au moins par leurs conditions physiologiques
et leur mécanisme profond.

Quel est le résultat de l'excitation électrique
que nous avons fait porter sur la branche centrale du facial à la sortie du trou stylo-mastoïdien? — Elle a développé dans le nerf un courant
centrifuge qui a fait éclater des contractions
multiples dans les fibres musculaires de la face.

Comment le froid fait-il sourire? — En excitant
les fibres sensitives du trijumeau et par voie
réflexe les fibres motrices du facial.

Par quel mécanisme la joie physique ou morale
provoque-t-elle le sourire? — Sans doute parce
qu'elle modifie par l'intermédiaire de la circulation
l'excitabilité des centres, noyaux superficiels et
profonds, ou des fibres sensitives elles-mêmes.

D'où vient le sourire du comique? — De la
décharge motrice qui accompagne certaines ren-
contres imprévues de mots, d'images ou d'idées.

Enfin, dans le sourire volontaire et conventionnel nous pouvons distinguer des conditions
idéo-motrices complexes, comme dans tous les
actes de volonté, mais nous ne trouvons en défi-
nitive que des contractions musculaires provoquées par les associations idéo-motrices qui jouent
le rôle de cause excitante.

Sous quelque forme qu'on l'envisage, le sourire est donc, d'abord et surtout, un phénomène d'excitation nerveuse ; il traduit une augmentation de l'excitation soit à la périphérie des nerfs sensibles, soit dans les centres, et rend cette augmentation sous forme motrice.

Or les phénomènes de sensibilité et de mouvement sont dans l'organisme des phénomènes constants. A tout instant des excitations pénètrent dans le système nerveux par les racines postérieures de la moelle ou les nerfs de la sensibilité spécifique ; à tout instant elles en sortent par les nerfs moteurs du crâne ou les racines antérieures de la moelle sous forme de mouvements et de tonus. « Ce courant général de forme cyclique a sa source dans les organes des sens, sa fin dans les muscles et ne s'invertit jamais[1]. » Dans l'intervalle, c'est-à-dire dans le réseau que forment les éléments de la moelle et du cerveau, se déroulent tous les phénomènes supérieurs de la pensée. Ce courant étant donné, toutes les causes qui peuvent en augmenter l'intensité tendront par là même à augmenter le tonus musculaire et à provoquer le sourire.

Périphériques comme les sensations de la

---

1. Cf. Morat et Doyon, *Traité de Physiologie*, p. 133 sqq.

peau, centrales comme les images ou les associations d'idées, elles auront toutes pour résultat d'accroître la force du courant de sortie. Bien que ces données sur les rapports du tonus et de l'excitation ne présentent pas un caractère hypothétique, on n'en peut encore parler avec précision par la raison qu'on ne sait mesurer ni l'excitation d'entrée ni le tonus et le mouvement de sortie; du jour où ces quantités deviendraient mesurables on peut dire qu'on aurait substitué enfin des notions précises aux termes obscurs de vitalité, de sthénie ou d'hyposthénie. Le deviendront-elles jamais et comment? — Mais ce progrès dans la précision n'importe pas absolument pour la théorie que nous présentons aujourd'hui. L'important c'est la constatation de ce fait général d'excitation et de tonicité auquel nous ramenons le sourire.

On a donc beaucoup exagéré, à notre sens, la part de l'intelligence, de l'association des idées et des phénomènes psychologiques dans le sourire et probablement dans l'expression des émotions tout entière; on n'a pas assez étudié le phénomène de l'excitation dont le sourire n'est qu'un cas et dont l'explication profonde est de physiologie et de mécanique.

Inversement, dans la tristesse, on n'a pas assez

tenu compte du fait capital qui domine toute l'expression de ce sentiment, l'hypotonus, et qui se manifeste sur le visage par un relàchement des muscles, un allongement des joues, un abaissement des mâchoires, c'est-à-dire par une expression qui, dans l'ensemble et dans les détails est exactement l'opposée du sourire. Toutes les théories de Darwin, de Bell, de Duchenne, de Mantegazza, de Wundt, sont à reprendre de ce point de vue mécanique et physiologique; Spencer lui-même dont nous avons analysé plus haut la tentative et qui a vu clairement le rôle et l'importance de la mécanique dans l'expression des émotions, a fait trop vite et trop tôt de la psychologie. C'est une erreur naturelle mais constante de vouloir expliquer par notre logique humaine « toujours courte par quelque endroit », ce qui s'explique par la logique infiniment plus profonde et plus simple de la matière et du mouvement.

CHAPITRE V

LA LOI DU SOURIRE ET L'EXPRESSION DES ÉMOTIONS

Au cours des précédents chapitres, j'ai essayé d'établir expérimentalement un certain nombre de faits que je rappelle.

1° Ce ne sont pas seulement quelques muscles péribuccaux et périoculaires qui participent au sourire, mais un très grand nombre des muscles de la face et du crâne, presque tous innervés par le facial.

Ces muscles sont le temporal, le masséter, peut-être le ptérygoïdien interne, le frontal, l'occipital, l'orbiculaire des paupières, le transverse du nez par ses faisceaux antérieurs, le dilatateur des narines, le buccinateur, l'élévateur de l'aile du nez et de la lèvre supérieure, l'élévateur propre de la lèvre supérieure, le petit et le grand zygomatique, le rieur et l'auriculaire postérieur.

2° D'autre part les muscles de la face et du crâne qui ne sourient pas, s'opposent tous, plus ou moins, au jeu des muscles précédents et sont les antagonistes du sourire.

Ce sont, nous l'avons vu, le ptérygoïdien externe, le mylo-hyoïdien, le ventre antérieur du digastrique, le sourcilier, le pyramidal, le myrtiforme, l'orbiculaire des lèvres, le canin, le triangulaire des lèvres, le carré du menton et le muscle de la houppe du menton.

3° Un sourire marqué partage donc les muscles de la face en deux groupes : celui des muscles qui sourient, et celui des muscles antagonistes, et comme la plupart de ces muscles sont innervés par le facial, j'ai pu faire abstraction des autres et poser la question dans les termes suivants :

Pourquoi, dans un ensemble de muscles innervés par un même nerf, certains muscles participent-ils au sourire, tandis que les autres s'y opposent plus ou moins. S'il s'agissait de sourires volontaires, la réponse serait évidemment très facile, le propre de la volonté consistant justement dans le choix de telle ou telle réaction au détriment de telle autre, mais il s'agit pour le moment des sourires spontanés, naturels, tels qu'ils se produisent au cours de la joie, pendant une bonne digestion et sous l'influence de toutes les excitations légères des centres ou de la périphérie.

Il s'agit donc de savoir comment une excitation légère qui chemine le long du nerf facial et qui, en principe, devrait affecter tous les muscles n'en affecte que quelques-uns et fait d'elle-même une sélection.

C'est la façon la plus simple de présenter le problème.

4° Pour le résoudre, j'ai fait remarquer d'abord que les muscles du sourire énumérés plus haut forment une synthèse naturelle et se contractent de concert en vertu de leurs connexions anatomiques tandis que les muscles antagonistes sont incapables de s'associer entre eux et s'opposent même les uns aux autres ; si l'excitation légère du facial atteint les premiers et laisse les seconds en repos, c'est donc, très vraisemblablement, en vertu d'une loi mécanique, et parce que les premiers réagissent plus facilement que les seconds.

Théoriquement, le sourire apparaît donc comme la réaction la plus facile des muscles du visage et du crâne pour une excitation légère du facial, et l'expérience a, dans une large mesure, confirmé la théorie.

5° Tout d'abord, en électrisant le facial à sa sortie du trou stylo-mastoïdien, j'ai pu constater qu'on obtenait, non pas des grimaces, ainsi que l'avait dit Duchenne (de Boulogne), mais des expressions analogues au sourire que j'ai photographiées et reproduites plus haut. La seule condition était que l'excitation électrique fût légère ; sinon elle atteignait plus ou moins tous les muscles et produisait en effet les grimaces dont Duchenne a parlé.

6° J'ai ensuite cherché dans la clinique des vérifications complémentaires de la théorie, et j'ai montré que dans la mélancolie passive l'hypertonie des muscles du visage produit naturellement l'expression de la tristesse, tandis que dans l'excitation maniaque l'hypertonie musculaire aboutit naturellement au sourire. Une augmentation de tonus normal provoque ainsi les mêmes effets que l'excitation électrique, tandis que la diminution du même tonus, se marquant surtout dans les muscles les plus mobiles, donne l'expression de l'abattement.

Mais je pense avoir tiré les meilleures preuves des cas de paralysies et de contractures faciales que j'ai analysées et photographiées.

Beaucoup mieux que dans la mélancolie passive et l'excitation maniaque nous avons vu ici la suppression radicale du tonus produire l'expression de la tristesse, et l'excitation permanente des centres nous donner par contracture les sourires les mieux caractérisés.

L'expérience clinique s'associe donc pleinement à l'expérimentation pour nous permettre d'affirmer que le sourire spontané se produit mécaniquement pour toute excitation légère du facial et je n'ai pas besoin de faire remarquer que cette explication si simple n'a besoin pour se formuler d'aucun principe ou d'aucun postulat psychologique. — Elle est tout entière de physique et de physiologie.

7° Mais si le sourire ainsi défini n'est qu'un cas particulier d'hypertonicité musculaire, on peut se demander pourquoi il se limite à la face, ou semble s'y limiter, et j'ai indiqué dans quel sens on doit chercher la réponse à cette question.

La plupart des muscles de la face étant des muscles particulièrement mobiles qui prennent souvent l'une de leurs insertions et quelquefois toutes les deux dans la peau, ils doivent nécessairement réagir pour une excitation modérée qui laisse les autres muscles du corps indifférents; de plus, il convient de remarquer que dans bien des cas un grand nombre des muscles du corps réagissent pendant le sourire sous forme de gestes, de cris, de mouvements et par toute la mimique ordinaire de la joie et de l'excitation.

Pour que l'explication mécanique du sourire

fût complète, il aurait été nécessaire de faire sur cette mimique du corps le même travail d'analyse et de synthèse que sur la mimique du visage et de montrer que les muscles réagissent encore ici suivant les lois de leurs associations fonctionnelles et dans le sens de la moindre résistance, mais j'ai dit pour quelles raisons cette démonstration est pratiquement difficile. Tout ce qu'on peut remarquer, c'est que, d'une façon générale, nous exécutons dans la joie les mouvements qui nous sont les plus aisés.

8° Le sourire, considéré dans sa nature physiologique, nous apparaît donc comme un réflexe musculaire particulièrement visible à la face, et qui traduit sous forme motrice l'excitation des centres nerveux; et comme le tonus musculaire est un réflexe constant, on peut dire que le sourire est une augmentation du tonus qui s'accomplit et se manifeste suivant la loi de moindre résistance dont nous avons déjà parlé.

Ce sont là les conclusions physiologiques de notre étude.

Les conclusions psychologiques, bien qu'elles ne soient pas susceptibles d'une confirmation expérimentale aussi nette, ne me paraissent pas moins certaines.

1° La première, c'est que les excitations modérées, étant presque toujours des excitations agréables, nous avons pu, de bonne heure et sans forcer les faits, prendre le sourire comme le signe naturel du plaisir; à vrai dire, le sourire est signe de bien d'autres choses et nous avons vu qu'en particulier le froid le provoque par excitation thermique du trijumeau, mais l'association du sourire et du plaisir n'en est pas moins légitime pour la majorité des cas, et c'est ainsi que ce réflexe peut, à juste titre, être considéré comme une expression.

2° Cette expression naturelle pouvant être artificiellement reproduite par la volonté, devient dans la vie sociale un signe conventionnel au même titre que le mot et signifie toujours d'ailleurs que nous voulons paraître éprouver du plaisir; c'est le sourire de politesse qui se prodigue au point d'en devenir banal.

Pour y arriver, l'homme s'est borné *à s'imiter lui-même,* c'est-à-dire à refaire par la volonté ce que son organisme faisait par des procédés mécaniques, et j'ai déjà dit quelle importance j'attachais à cette imitation de nous-mêmes dans l'expression des émotions.

3° Enfin j'ai insisté sur ce point que le sourire pouvait revêtir deux sens assez différents dans la vie sociale, suivant qu'il reproduisait le simple réflexe du plaisir ou un réflexe plus spécial et beaucoup plus obscur, le réflexe du comique ; dans le premier cas, il veut dire, « j'ai du plaisir » ; dans le second cas, il exprime l'ironie, la supériorité et les divers sens du rire, mais c'est toujours par une imitation artificielle de nous-mêmes que nous en usons.

Ces deux espèces de sourire se mêlant avec les expressions de l'amertume, du dédain, du défi donnent naissance à un langage émotionnel très compliqué dont j'ai étudié les principaux termes, et je ne reviens pas sur cette étude ; mais il est bien évident, je pense, qu'avec les lois très simples de l'expression réflexe, de la moindre résistance et de l'imitation consciente de nous-mêmes, nous avons pu suivre dans sa courbe tout le développement du sourire, depuis sa source physiologique et mécanique jusqu'à ses plus délicates significations sociales.

*
. *

Je ne voudrais pas, après avoir établi ces quelques faits, formuler des conclusions qui les dépassent, et cependant ce problème du sourire, avec les solutions qu'il a déjà reçues et celles que je lui apporte, me paraît prêter à quelques considérations générales de psychologie et même de philosophie.

En somme, pourquoi Darwin, pourquoi Wundt sont-ils arrivés, pour le sourire, aux explications que j'ai citées et qu'on peut s'étonner, à bon droit, de rencontrer sous leur plume. Comment ont-ils pu croire que si la bouche s'entr'ouvre c'est parce que la joie se traduit ordinairement par des cris, ou parce que l'homme qui sourit semble vouloir avaler l'expression joyeuse? Pourquoi Darwin, en particulier, déclare-t-il, sans preuves aucunes, que la contraction légère de l'orbiculaire des yeux reproduit à l'état faible la contraction qui, dans le fourire, protège le globe oculaire contre l'afflux sanguin? — Pourquoi tous ces romans, alors que l'explication véritable était infiniment simple?

La raison en est certainement que ni Darwin ni Wundt, ni en général les psychologues de l'expression ne sont assez affranchis de l'intellectualisme, du rationalisme idéologique, et qu'en faisant de la psychologie, ils sont toujours implicitement partis de ce principe que l'esprit doit être intelligible pour l'esprit dans toutes ses manifestations. — Or c'est là une conception que la psychologie du jugement, du raisonnement et des opérations logiques de la pensée vérifie dans une large mesure, mais contre laquelle protestent la plupart des faits de psychologie affective.

Une des plus grandes erreurs de la physique ancienne a été d'admettre que la nature était intelligible pour l'esprit et s'expliquait par le jeu de quelques principes rationnels. « Dans la pensée d'Aristote, dit à ce sujet M. Lévy-Bruhl, chaque être, chaque phénomène déterminé et particulier a sans doute sa cause déterminée et particulière.

Mais en un autre sens, par une analogie qui s'étend à la nature entière, les mêmes causes et les mêmes principes se retrouvent partout et rendent tout intelligible. Partout, le savant (qui ne se distingue pas du philosophe) découvre les rapports de la puissance et de l'acte, de la matière et de la forme, des moyens et de la fin[1]. »

Dans toutes les explications scientifiques, la nature est alors conçue comme une puissance intelligente dont la pensée humaine peut pénétrer les procédés et suivre le dessein. « La représentation de la nature, ajoute M. Lévy-Bruhl, reste, pour le physicien, anthropomorphique, esthétique et, en un certain sens, morale et religieuse[2]. »

1. *La Morale et la Science des Mœurs*, p. 100. (Paris, F. Alcan.)
2. *Ibid.*, p. 116.

Ç'a été un des principaux résultats de la philosophie positive de nous débarrasser des conceptions de ce genre, en reléguant hors de la science toutes les explications anthropomorphiques de la métaphysique et en substituant à la recherche des causes efficientes ou finales la connaissance de ces rapports de succession qui sont les lois. Désormais la physique se désintéresse de la puissance, de l'acte, de la cause finale et de toutes les solutions métaphysiques qui mettaient une unité factice et facile dans les conceptions des anciens; comprendre c'est uniquement rechercher dans des faits antérieurs les conditions nécessaires et suffisantes d'un autre fait.

Mais si cette conception positive du fait et de ses causes a triomphé dans les siences physiques, il s'en faut de beaucoup qu'elle ait cause gagnée dans les sciences morales et même dans les sciences biologiques, où l'on rencontre sans cesse des appels implicites ou formels à la logique et à la finalité.

Dans la psychologie affective, en particulier, les théoriciens les plus modernes de l'expression, malgré l'appareil anatomique et zoologique dont ils s'entourent si volontiers, malgré le nombre considérable d'observations et de faits sur lesquels ils s'appuient, sont encore infectés de cette même métaphysique rationnelle et finaliste qui a égaré la physique ancienne, et s'ils sont passés souvent à côté de la vérité, c'est pour avoir pensé qu'expliquer l'expression des émotions c'est la pénétrer de logique et de psychologie.

Or, ici comme partout ailleurs dans les sciences de la nature, c'est en substituant l'explication mécanique à l'explication logique et la causalité à la finalité que l'on a chance de découvrir quelque chose; et cette substitution, que j'ai essayé de faire en détail à propos du sourire, je voudrais en indiquer le principe et la méthode dans les quatre émotions fondamentales de la joie, de la tristesse, de la colère et de la peur.

*\
* *

Un grand fait, d'une importance capitale — *les variations du tonus musculaire* — domine, à mon avis, toute la physiologie et toute la psychologie de l'expression.

J'ai déjà dit ce que les physiologistes contemporains entendaient par le tonus, cet état de contraction légère et constante qui se manifeste plus ou moins dans tous les muscles et qui paraît tenir, au moins chez l'homme, à des causes périphériques et à des causes centrales. Les causes périphériques sont les excitations multiples provoquées dans les centres nerveux par les contractions musculaires, les contacts de l'air et de la peau, des parois artérielles et du sang, les changements chimiques interstitiels des tissus, et autres phénomènes analogues; à tout instant, ces excitations qui cheminent par les nerfs sensibles reviennent par les nerfs moteurs, après s'être réfléchis sur les centres médullaires ou cérébraux et déterminent le tonus.

Les excitations centrales, moins connues, paraissent être liées à la circulation du sang dans les centres, et elles viennent s'ajouter aux causes périphériques pour en renforcer l'effet.

Si l'on veut, après ces brèves explications, se représenter clairement le phénomène du tonus, il suffira de considérer que, par rapport au système nerveux central, les excitations périphériques constituent un courant d'entrée et les contractions musculaires du tonus un courant de sortie. Ce courant de sortie dépend à la fois du courant d'entrée et de l'accroissement que ce courant d'entrée peut subir du fait de l'excitation des centres. Le rapport des deux courants est constant, et bien qu'on ne puisse songer à l'exprimer en chiffre, on peut le considérer comme théoriquement établi.

Ce principe une fois posé, nous pouvons admettre que si le courant d'entrée diminue ou s'arrête, le courant de sortie sera lui-même diminué ou supprimé, tandis qu'il pourra, dans le cas contraire, croître ou s'exagérer. Et de fait, nous connaissons pratiquement, à côté du tonus, un hypotonus et un hypertonus qui sont eux-mêmes susceptibles de degrés. En d'autres termes, en deçà et au delà de la normale, caractérisée dans l'espèce par le tonus, on rencontre un hypertonus et un hypotonus qui, pouvant être légers ou forts, peuvent prêter chacun à deux subdivisions nouvelles.

Eh bien, quand on étudie l'expression dans la joie, dans la colère, dans la tristesse et la peur, on doit se demander toujours si, dans chacune de ces émotions, les variations des états musculaires que l'on veut expliquer par des raisons psychologiques plus ou moins ingénieuses, ne s'expliquent pas d'elles-mêmes d'une façon infiniment plus simple par les variations de tonus.

A dire vrai, ni Darwin, ni Wundt, ni surtout Spencer n'ont complètement méconnu cette vérité fondamentale, et j'ai indiqué, dans le chapitre II, comment chacun d'eux a, sous des termes différents, fait appel à l'excitation et à la dépression du système nerveux pour expliquer un certain nombre d'expressions.

On ne saurait contester, en effet, que chacun des trois psychologues que je viens de citer a entrevu la loi générale que j'essaie d'appliquer à l'expression des émotions. Darwin a parlé expressément d'excitations et de dépressions musculaires; Wundt exprime en termes différents la même idée et Spencer considère avec raison que l'excitation doit se propager dans les muscles suivant la loi de moindre résistance; mais aucun d'eux, pas même Spencer, n'a vu tout le parti que l'on pouvait tirer de cette loi de mécanique. Il ne s'agit pas en effet de constater que l'excitation et la dépression musculaire jouent un rôle dans l'expression des émotions; il faut encore montrer comment l'expression musculaire de la joie, de la colère, de la tristesse et de la peur, s'expliquent par des dosages différents de l'excitation et de la dépression, et l'on ne peut faire cette démonstration qu'en diminuant, au profit de l'explication mécanique, l'importance des explications psychologiques dont Wundt, Darwin et Spencer lui-même ont abusé. C'est donc, en réalité, non pas d'une continuation mais d'une orientation nouvelle qu'il s'agit.

A. Nous avons tellement parlé du sourire que nous serions obligé de nous répéter si nous insistions longuement sur l'expression de la joie dont le sourire fait partie. Nous avons dit comment Darwin et Wundt expliquaient l'ouverture de la bouche et l'ascension des traits par leurs principes *des habitudes utiles* ou *des associations analogues* et comment la physiologie mécanique nous donnait une explication infiniment plus simple et plus vraie. Mais cette dernière explication peut très manifestement s'étendre à toute l'expression de la joie.

Ce qui frappe en effet chez l'homme joyeux, c'est une suractivité de l'appareil moteur volontaire, un hypertonus généralisé qui a pour conséquence le mouvement.

« L'homme joyeux, dit Lange, sent le besoin de se mouvoir, il s'agite avec promptitude et vivacité; il gesticule avec force; les enfants sautent, dansent, frappent des mains; les muscles du visage se contractent par suite d'une augmentation de leur innervation latente; le visage devient rond; c'est l'opposé du visage mou, des traits pendants des mélancoliques; le sourire et le rire proviennent d'un excès d'impulsion nerveuse dans les muscles du visage et de la respiration; de même, si la voix s'élève, si des chants et des cris de joie se font entendre, c'est que les muscles du larynx et de la respiration ont une tendance involontaire à la suractivité[1]. »

Or il est vraisemblable que toute cause physique ou morale qui viendra tonifier les centres nerveux pourra produire ainsi par des raisons purement mécaniques cet hypertonus généralisé qui est l'expression de la joie; la caféine produira cet effet par l'intermédiaire de la circulation, le café et l'alcool par action plus directe sur les centres, une bonne nouvelle parce qu'elle provoquera dans les cellules de l'écorce des associations d'idées nombreuses et faciles, mais dans tous les cas nous n'aurons besoin d'aucun principe psychologique pour expliquer les chants, les cris, les mouvements des bras, des jambes et toute l'activité motrice du corps.

B. Nous n'en avons pas besoin davantage pour expliquer les expressions de la tristesse, et c'est même une question de savoir dans quelle mesure on peut ici parler d'expression; ce n'est pas que le visage et le corps tout entier n'aient une physionomie propre au cours de ce sentiment, mais, la tristesse se caractérisant surtout

1. *Op. cit.*, p. 47.

par l'impuissance, on a plus souvent affaire à du relâchement qu'à des contractions et à des expressions véritables. Comme Lange l'a très bien remarqué en effet, le trait essentiel de la tristesse c'est l'action paralysante qu'elle exerce sur les muscles volontaires ; et cette action paralysante détermine l'attitude générale et tous les relâchements musculaires que nous qualifions d'expressions. « L'homme triste, dit Lange, est souvent reconnaissable à son aspect extérieur ; il va lentement, chancelle, se traîne les bras ballants ; volontiers il reste inerte, affaissé, muet[1]. »

La tête pend sur la poitrine, la nuque s'incline par suite de l'hypotonicité des muscles du cou, et nous avons montré, avec photographies à l'appui, que si le visage s'allonge et s'effile, si les sourcils s'abaissent vers le rebord orbitaire, si les joues retombent sur la commissure des lèvres, c'est uniquement parce que le nerf facial n'apporte plus aux muscles du visage les mêmes excitations toniques. — Le mécanisme de l'abattement est, dans l'espèce, exactement opposé au mécanisme du sourire et s'explique par les mêmes lois ; la diminution du tonus atteint particulièrement les muscles où ce tonus se manifeste

1. *Op. cit.*, p. 38.

le plus, en vertu des lois d'équilibre que nous connaissons. C'est pour la même raison que les sphincters oculaires paralysés font paraître les yeux plus grands, à moins que la paupière supérieure ne retombe, par suite de la paralysie du releveur.

Bien souvent, les muscles qui conditionnent par leur contraction automatique la station verticale sont tellement relâchés; ils reçoivent du système nerveux central des contractions si faibles que les jambes vacillent et que les genoux plient; alors les patients s'adossent contre les objets environnants, s'effondrent sur un siège ou même se laissent tomber sur la terre. C'est donc la paralysie, le relâchement, l'hypotonus qui caractérisent l'expression musculaire de la tristesse, et toute cause physique ou morale, qui viendra supprimer ou inhiber l'action des centres nerveux sur les muscles, pourra produire le même résultat ou des résultats très analogues; c'est ainsi que les dépressifs de la circulation, comme le bromure ou une mauvaise nouvelle capable de gêner ou d'arrêter les associations d'idées qui nous sont habituelles et faciles, pourront produire sur notre visage, sur notre corps tout entier, cet hypotonus musculaire que je viens de détailler.

La tristesse et la joie ont donc sur le corps humain, et en particulier sur le système musculaire, une influence directe qui provient de ce fait bien simple que la tristesse et la joie, en même temps que des états moteurs, sont des états cérébraux et retentissent comme tels sur les fonctions motrices du cerveau, comme d'ailleurs sur ses fonctions mentales.

C. J'en dirai tout autant de la colère qui se rapproche beaucoup de la joie par son expression musculaire : « Une augmentation de l'innervation des muscles volontaires, écrit Lange, et par suite une tendance à des mouvements trop rapides et trop forts constituent le deuxième caractère important de la physiologie de la colère : et c'est là une ressemblance de plus avec la joie dont la physionomie emprunte un de ses traits principaux au sentiment de légèreté, de plaisir, de tendance aux mouvements vifs qu'elle apporte avec elle ; mais dans la colère, ces traits sont encore exagérés ; au lieu d'être alerte comme l'homme joyeux, l'homme irrité se révolte, bondit, agite ses bras autour de lui ; tandis qu'on peut se contenter de maîtriser sa joie, on doit dompter sa colère comme une bête fauve. »

Si nous voulons maintenant entrer dans les expressions de détail, nous verrons, comme dans la joie, que beaucoup d'entre elles s'expliquent par la simple excitation motrice, ou si l'on préfère, par l'exagération du tonus.

C'est un fait constaté, par exemple, que les narines se dilatent dans la colère, et nous savons par l'expérimentation et par la clinique que l'excitation du facial dilate les narines tandis que la section du même nerf provoque l'affaissement de la paroi externe.

Les dents se serrent tandis que les masséters et les temporaux se contractent fortement et font masse de chaque côté du visage ; nous avons vu que c'est là un signe très général d'excitation qui se rencontre dans la joie et qui provient vraisemblablement de ce fait que les muscles releveurs de la mâchoire n'ayant pour antagonistes que des muscles très faibles (le mylo-hyoïdien et le ventre antérieur de digastrique) l'emportent de beaucoup sur eux dans les cas où l'excitation atteint également tous les muscles.

Les lèvres qui se contractent découvrent quelquefois les dents dans une espèce de rictus, et cette expression peut s'expliquer mécaniquement comme les précédentes, si l'on tient compte de l'excitation qui atteint particulièrement les grands et les petits zygomatiques dont nous connaissons l'extrême mobilité.

Mêmes remarques à faire sur les poings qui se ferment pendant la colère, parce que le mouvement de flexion des doigts nous est plus facile que les mouvements d'extension — sur la tête qui se redresse, par suite de l'hypertonus des muscles cervicaux, et sur beaucoup de gestes et d'attitudes analogues où l'on pourrait être tenté de voir des expressions, alors que ce sont uniquement les conséquences motrices de l'excitation cérébrale.

Si la colère se traduit ainsi dans le système musculaire, c'est donc uniquement parce qu'elle est une excitation violente, et comme la joie, comme la tristesse, elle obéit, dans ses manifestations motrices, aux lois de la moindre résistance.

Toutes les causes morales ou physiques qui agissent par l'intermédiaire de l'association des idées ou par action directe sur les centres nerveux, comme certains agarics, et souvent le haschich, pour produire une excitation cérébrale violente, peuvent produire la colère.

Rien n'est d'ailleurs plus instructif sur ce point que de voir, chez un aliéné, l'excitation déterminer l'expression de la colère uniquement parce qu'elle s'est progressivement accrue. On cause avec un paralytique général légèrement

excité qui sourit et se promène dans sa cellule
en vous racontant des projets ambitieux, et peu
à peu, tandis qu'il se grise de ses paroles et de
ses gestes, l'excitation s'élève de plusieurs tons
et provoque dans ce cerveau sans frein l'agitation mentale et motrice qui se traduit par la
colère ; il ferme le poing, il frappe, il crie, il
menace.

Il a suffi que l'excitation s'accrût pour que
l'expression musculaire de l'émotion et l'émotion
elle-même changeassent de caractère.

D. C'est, de même, par une diminution très
considérable ou par une suppression presque
complète du tonus musculaire que l'on peut
expliquer mécaniquement la plupart des expressions motrices de la peur. « Dans les termes
usuels, écrit Lange, dans les nuances qu'ils
expriment pour désigner les phénomènes de la
peur et de la tristesse, nous voyons une preuve
manifeste que la paralysie de la peur est supérieure à celle de la tristesse ; on porte le fardeau
de sa peine, on est oppressé, plié par la tristesse,
on est paralysé par la crainte, pétrifié par la
peur, on est rivé au sol. La paralysie des muscles
de la parole les rend inhabiles à préférer un mot
ou les en empêche tout à fait ; la voix devient
rauque et brisée ; on est muet d'épouvante, la

langue ne peut se mouvoir, le visage se détend ; les yeux grands ouverts, par suite de la paralysie des sphincters, sont immobiles, hagards et fixes. L'homme saisi par l'effroi soudain peut tomber paralysé à terre, ou bien si l'innervation des muscles est incertaine, intermittente, il tremble, il chancelle, il bégaie d'angoisse. »

A cette description générale on peut joindre certains traits qui s'expliquent, comme les précédents, par la diminution ou même par l'arrêt total de l'innervation motrice. Non seulement le sphincter oculaire s'élargit par paralysie, comme le remarque très justement Lange[1], mais la mâchoire inférieure que les masséters et les temporaux ne retiennent plus, pend, en vertu de son propre poids, et les joues flasques sont comme aplaties et allongées par suite de la paralysie des zygomatiques.

Non seulement les jambes chancellent mais elles tremblent, comme tous les membres, par diminution de l'influx nerveux, et souvent même elles se dérobent tout à fait.

Le corps tout entier se courbe, se replie sur lui-même, la tête s'incline sur la poitrine, le tronc se fléchit sur le bassin et c'est là une atti-

1. *Op. cit.*, p. 52.

tude que la physiologie seule peut encore suffire
à expliquer.

La peur est donc à la tristesse ce que la colère
est à la joie, si l'on ne considère que les phénomènes d'ordre musculaire ; il suffit que le tonus
disparaisse tout à fait ou diminue beaucoup au
lieu de diminuer légèrement, pour que l'expression de l'effroi se substitue à celle de l'abattement, et si l'on veut bien se reporter aux photographies de paralysies faciales que j'ai données
au chapitre III, on verra que l'on peut hésiter,
surtout pour celles des deux femmes, entre
l'expression de la tristesse et l'expression de la
peur. — Un fait d'ordre physique, l'atonie musculaire, nous permet donc une fois de plus de
systématiser et de comprendre des expressions
que la psychologie est tentée d'expliquer autrement : l'arrêt brusque des fonctions cérébrales,
et en particulier des fonctions motrices, est le
fait primitif et simple qui gouverne l'expression
musculaire de la peur.

*
* *

Ces principes généraux d'explication une fois
posés, et je ne crois pas que, sous la forme où
je les présente, ils soient discutables, on pourra

voir facilement par quelques exemples à quel point la psychologie physiologique et la psychologie transformiste ont abusé des explications logiques ou finalistes à propos de faits qui ne relevaient que de la simple mécanique.

Je ne reviens pas sur les théories du sourire ou Darwin et Wundt ont abusé, l'un de la finalité transformiste, l'autre du principe intellectualiste de l'association par analogie, et j'estime que les exemples cités plus haut suffisent amplement à illustrer le vice de leurs méthodes à propos de la joie, mais nous pouvons faire, à propos des explications qu'ils ont proposées pour l'expression triste, des remarques très analogues.

Nous avons déjà constaté que dans la tristesse, la queue des sourcils se rapproche de l'orbite, tandis que la commissure labiale s'abaisse plus ou moins, et nous avons expliqué ces deux faits, en général associés, par l'hypotonus du frontal et des muscles malaires qui retombent quelquefois en bourrelet sur la commissure des lèvres ; l'explication a été d'ailleurs confirmée par l'expérience, puisque nous avons vu la même expression se produire dans la paralysie faciale par suppression complète ou diminution considérable du tonus.

Mais ce sont là des explications trop peu psy-

chologiques et surtout trop peu finalistes pour
que Darwin s'y arrête ; il constate les faits comme
tout le monde, puis il confond cette expression
si simple de l'abattement avec l'expression infiniment plus compliquée du chagrin, où les commissures s'abaissent par contraction active du
triangulaire ; et finalement, il essaie de montrer,
suivant son habitude, que ces contractions,
aujourd'hui inutiles, ont été très utiles autrefois,
lorsque l'humanité primitive éprouvait des émotions plus complètes et plus intenses.

Un peu plus, et pour faire à la psychologie
une place plus large encore, il attribuerait un
rôle aux principes d'antithèse dans la production
de l'expression triste dont il constate l'opposition
avec l'expression de la joie. « Sous l'influence
des émotions déprimantes, écrit-il, le front se
déprime ; les paupières, les joues, la bouche
entière s'abaissent ; les yeux sont ternes, le teint
pâle, la respiration lente. Le visage s'élargit
dans la joie et s'allonge dans le chagrin. Je ne
veux pourtant pas affirmer que le principe d'antithèse ait joué un rôle dans l'acquisition de ces
expressions opposées [1] » Cette réserve prudente
est regrettable à certains égards ; il eût été

____

1. *Op. cit.*, p. 230.

curieux de voir l'opposition matérielle des deux expressions que l'hypertonus et l'hypotonus du facial expliquent si bien, expliquée ingénieusement par cette prétendue tendance que nous aurions d'adapter à des sentiments inverses des expressions opposées. — Ainsi la psychologie raffine et complique à son aise lorsqu'elle ignore ou veut ignorer les lois les plus simples de la physiologie.

La colère, plus encore que la tristesse et la joie, a prêté matière aux interprétations de ce genre, et nous n'avons guère ici que l'embarras du choix.

Nous savons, par l'analyse qui précède, qu'une excitation motrice très grande provoque mécaniquement dans l'organisme la dilatation des narines, le serrement des dents, la rétraction des lèvres, la fermeture des poings, le redressement de la tête, etc.

Écoutez maintenant les psychologues et jugez de l'ingéniosité de leurs explications.

Spencer qui signale[1] dans la colère la dilatation des narines, ose écrire à ce sujet. « Nous comprendrons clairement l'utilité d'une telle relation nervo-musculaire si nous nous souvenons

1. *Op. cit.*, II. p. 575.

que, pendant le combat, la bouche étant remplie par une partie du corps de l'adversaire qui a été saisie, les narines deviennent le seul passage qui puisse servir à la respiration et qu'alors leur dilatation est particulièrement utile. »

On regrette Bernardin de Saint-Pierre et son melon.

Darwin, qui signale la rétraction des lèvres, y voit naturellement l'ébauche de l'acte de mordre : « Ce mouvement, dit-il, qui rétracte les lèvres et découvre les dents, durant les accès de fureur, comme pour mordre un adversaire, est très remarquable, eu egard à la rareté des cas dans lesquels, chez l'espèce humaine, les dents sont mises en usage pour combattre [1]. »

Il est regrettable seulement, pour l'explication, que l'excitation motrice de la joie, qui ne s'accompagne d'aucun acte d'agression, produise cependant une rétraction analogue, quoique beaucoup moins marquée.

Mantagazza écrit d'ailleurs dans le même sens [2] : « Si nous ne mordons plus, nous montrons encore les dents dans nos accès, nous grinçons des dents pour en faire sentir la force à nos adversaires. »

1. *Op. cit.*, p. 264.
2. *La Physionomie et l'Expression des Sentiments*, p. 144 (Paris. F. Alcan).

Enfin Wundt, abandonnant le principe des habitudes utiles, leur substitue le principe plus intellectualiste de « *la relation du mouvement avec les impressions sensorielles* » et il arrive à une interprétation plus logique encore, sinon plus finaliste, des mêmes faits. « Dans l'indignation causée par une offense, écrit-il[1], nous serrons le poing, alors même que l'insulteur n'est plus là, ou quoique nous n'ayons nullement l'intention de nous précipiter sur lui ; dans une violente colère, le même mouvement apparaît, et simultanément, l'individu montre ses dents, comme si celles-ci devaient être utilisées dans le combat. »

C'est toujours le même dédain des lois physiologiques, le même besoin de mettre de la logique ou de la finalité partout, et finalement les mêmes erreurs ; mais ici l'erreur se complique d'un sophisme qui consiste à parler sans cesse de la colère, comme si elle se confondait absolument avec le sentiment et les gestes de l'agression. Cette substitution est évidemment très commode pour qui n'accepte que les explications psychologiques et ne cherche pas les explications physiologiques, car l'agression est un acte social où la psychologie trouve à inter-

---

1. *Op. cit.*, II, p. 482.

prêter et à expliquer ; mais rien ne nous autorise à assimiler ainsi la colère et l'agression.

Il peut y avoir agression sans colère, et c'est ce qui arrive toujours quand l'agression est réfléchie.

Il peut, d'autre part, y avoir colère sans agression, comme l'a établi l'enquête sur la colère faite par la Société libre pour l'étude psychologique de l'enfant.

Sur 183 sujets observés, on a pu constater que 35 expriment leur colère en se roulant par terre, que deux se jettent violemment à terre, que beaucoup trépignent ; 32 sont signalés comme n'ayant ni mordu ni tenté de mordre [1].

Que l'excitation violente qui caractérise la colère aboutisse souvent à l'attaque, c'est ce que personne ne peut songer à nier ; mais l'excitation motrice et l'attaque sont deux choses différentes, et c'est l'excitation motrice que l'on doit considérer tout d'abord, lorsqu'on n'est pas obsédé par le désir de réduire aux lois de la pensée consciente les faits mécaniques de la vie du corps.

Enfin on peut faire, à propos de l'expression de la peur et des explications qui en ont été données, des remarques très analogues.

---

1. Malapert. *Enquête sur le Sentiment de la colère chez les Enfants*, *Année Psychologique*, 1902, p. 15.

Nous avons montré comment la plupart des différentes expressions musculaires de cette émotion peuvent s'expliquer par la diminution ou par la suppression presque complète du tonus, et c'est ainsi, en particulier, que nous avons interprété l'élargissement du sphincter oculaire, la chute de la mâchoire inférieure, le tremblement, l'inclinaison de la tête sur la poitrine, du thorax sur les jambes, le repliement de l'individu sur lui-même, etc. ; mais il va sans dire que pour ces différentes manifestations de l'hypertonie ou de l'atonie musculaire, la psychologie a trouvé mainte explication ingénieuse.

Darwin écrit, par exemple, au sujet de l'ouverture des yeux et de la bouche : la crainte est si voisine de l'étonnement que ces deux sentiments « éveillent, l'un comme l'autre, les sens de la vue et de l'ouïe. Dans les deux cas, les yeux et la bouche s'ouvrent largement, et les sourcils se relèvent [1] ».

J'ai assisté à Sainte-Anne à plusieurs scènes de terreur provoquées par des hallucinations terrifiantes, et je ne crois pas qu'on puisse assimiler la dilatation passive du sphincter oculaire pendant la peur à l'élévation active des sourcils qui

---

1. *Op. cit.*, p. 315.

exprime l'étonnement. Encore moins peut-on y voir avec Darwin une réaction utile de l'organisme, un acte automatique propre à nous mieux faire voir le danger présent.

Quant à l'affirmation que si la bouche s'ouvre c'est pour faciliter l'exercice de l'ouïe, Darwin s'étant chargé lui-même de la réfuter à propos de l'étonnement [1], on peut être surpris qu'il ait jugé bon d'y faire allusion ici.

A propos du tremblement Darwin, ayant déclaré qu'il n'en voyait pas l'utilité, Mantegazza plus darwinien que le maître s'efforce de faire rentrer cette expression dans la finalité transformiste : « Darwin, dit-il [2], avoue qu'il ne voit pas l'utilité du tremblement qui accompagne la frayeur. Mais, d'après mes études expérimentales sur la douleur, je le trouve extrêmement utile : car il tend à produire de la chaleur et réchauffe le sang qui, sous l'influence de la frayeur, tendrait à se trop refroidir. »

Encore une affirmation que les physiologistes auront beaucoup de peine à accepter et que Mosso n'a pas manqué de relever dans son livre sur la peur [3].

1. *Op. cit.*, p. 307.
2. *Op. cit.*, p. 78.
3. *La Peur*, p. 103 (Paris, F. Alcan).

Le repliement du corps sur lui-même est interprété dans le même sens utilitaire par Darwin. qui écrit : « L'homme effrayé se blottit instinctivement comme pour éviter d'être aperçu [1]. » Et sans doute il est possible que l'homme ait une tendance instinctive à se faire petit dans la peur, mais il eût été utile de remarquer tout d'abord qu'en dehors de toute tendance psychologique, la mécanique de cette émotion le pousse dans le même sens.

On n'en finirait pas si l'on voulait glaner dans la psychologie des exemples de ce genre ; j'estime que ceux qui précèdent suffisent à illustrer la tendance finaliste que la psychologie actuelle doit à Darwin, et la tendance intellectualiste qu'elle doit à Wundt. Si on voulait caractériser ces deux tendances d'après les faits précis que nous venons de citer, on pourrait dire que la première consiste à prendre pour accordé que la plupart des expressions émotionnelles ayant subi l'action de la sélection naturelle peuvent s'expliquer utilitairement ; et, lorsque l'utilité est manifestement nulle c'est dans un passé obscur et lointain qu'on va la chercher. La seconde tendance, plus logique que biologique, consiste à chercher derrière toutes nos expressions émo-

1. *Op. cit.*, p. 315.

tionnelles, des jugements ou des raisonnements qui les provoquent, et l'on a pu voir, par les explications de Wundt, avec quelle facilité on trouve des interprétations intellectuelles pour des faits d'ordre physiologique, lorsqu'on est bien décidé à les trouver.

L'une et l'autre ont le défaut commun de passer à côté d'explications physiologiques très simples, que j'ai établies cliniquement et expérimentalement pour le sourire et que l'observation m'a permis d'étendre à la tristesse, à la la colère et à la peur.

L'une et l'autre enfin sont représentatives d'une psychologie artificielle, inutilement compliquée, et dont le vice principal est, comme je l'ai dit au commencement, l'abus de la logique et de la méthode finaliste.

Ce n'est pas, répétons-le, que les principes de Darwin et de Wundt soient à rejeter de toute théorie scientifique de l'expression ; bien des expressions de détail que je n'ai pas citées ne sauraient se comprendre sans ces principes que j'aurais beau jeu à défendre par des faits ; mais il n'en reste pas moins que l'expression fondamentale, l'habitus de chaque émotion, leur échappe, ou, ce qui revient au même, s'explique bien mieux autrement.

Tous les psychologues que nous avons cités, mais Wundt et Darwin en particulier, ont été beaucoup trop pressés de faire de la psychologie à propos de l'expression, et, après avoir relégué dans une même catégorie, bien plus qu'expliqué, un certain nombre de phénomènes physiologiques qui se montraient rétifs à toute explication psychologique, ils ont vite demandé à la logique et à la psychologie la clef de nos principales expressions. J'ai dit trop souvent comment ils auraient dû chercher et utiliser d'abord des explications physiologiques, pour être obligé de me répéter ici.

*
* *

L'expression de nos divers sentiments est donc, au premier chef, un fait biologique et peut s'expliquer, dans ses grandes lignes, par les variations physiologiques du tonus et de l'innervation motrice, bien plus clairement et bien plus simplement que par la psychologie ; c'est là une affirmation que je me suis attaché à rendre évidente par mon étude particulière du sourire et vraisemblable par les considérations générales qui ont suivi.

J'estime d'ailleurs qu'il y aurait moyen de

généraliser plus encore et d'expliquer de même par les modifications du tonus les variations de la nutrition interne par lesquelles se manifeste dans le chimisme de notre vie organique chacun de nos sentiments.

Le système nerveux joue en effet dans la nutrition interne un rôle capital par son action sur les muscles et sur les glandes. Dans toute contraction musculaire il y a un élément nerveux, dans toute tonicité musculaire il y a un élément nerveux ; dans toute sécrétion glandulaire il y a un élément nerveux. Donc le système nerveux intervient à chaque instant dans la nutrition et les combustions par les stimuli centrifuges qui, d'une façon continue, vont des centres cérébraux ou médullaires aux organes périphériques. « Le cerveau intact, écrit à ce sujet Belmondo, ainsi que d'autres centres nerveux le peuvent faire dans des limites moins étendues — les centres de la moelle épinière par exemple — envoie aux tissus, sous forme de tonus chimique, un afflux continu des stimulations qu'il reçoit lui-même de la périphérie sous forme d'excitations sensorielles, sensitives, musculaires, viscérales, lesquelles n'ont pas besoin d'être perçues par la conscience, et quand elles le sont, constituent cet ensemble de sensations obscures que nous

percevons dans nos états de bien-être ou de mal
être général, ainsi que dans la capacité fondamentale de nos appareils de sensibilité et de
mouvement. Cette onde réflexe incessante est
précisément celle qui, par l'activité incessante
dans laquelle elle maintient tous les éléments de
notre organisme, accélère puissamment les
échanges chimiques dans les tissus.

« Elle manque ou est décidément incomplète
lorsque manque une partie du système nerveux
aussi importante que les hémisphères cérébraux,
et l'on voit comment les échanges peuvent devenir, pour ainsi dire, torpides, et cela non pas
tant pour les processus d'oxydation des subs-
tances non azotées, qui servent surtout à maintenir la température nécessaire à la vie de l'animal, que pour ce qui a trait à la nutrition propre
des éléments des tissus, dont le renouvellement
plus ou moins rapide nous est indiqué par la
quantité d'azote éliminée [1]. »

La vie des tissus serait donc, d'après le célèbre
physiologiste, réglée par les variations de ces
stimuli centrifuges qui vont entretenir, d'une
façon continue, l'activité de nos organes, et l'on

---

[1]. Contributo critico sperimentale allo studio dei rapporti tra
le funzioni cerebrali et il recambio, *Revista sparimentale*, 1896.
Analyse par J. Soury. *Annales Médico-Psychologiques*, novembre-
décembre, 1898, p. 447.

voit par là comment la nutrition pourrait obéir, au cours de nos variations affectives, aux mêmes lois physiologiques et mécaniques que l'expression.

S'il m'est permis d'ailleurs de rappeler ici de modestes expériences personnelles, je renverrai le lecteur au sixième chapitre de mon étude sur *la Tristesse et la Joie* [1]. Toutes les analyses d'urine qui ont été faites chez des sujets tristes et chez des sujets joyeux ont eu pour résultat de montrer que la proportion de l'urée éliminée s'élève beaucoup dans la joie et diminue dans la tristesse ; chez Marie en particulier, une circulaire que j'ai longuement étudiée, la différence pendant les deux périodes était en moyenne de 11 grammes au profit de la joie. Or, comme je l'avais établi par d'autres mesures physiologiques, ces variations marchaient de pair avec les variations du tonus musculaire, de l'activité glandulaire et de l'innervation motrice en général.

Bien que nous n'ayons pas sur l'état de la nutrition pendant la colère ou la peur des renseignements aussi précis que les précédents, nous n'en manquons pas tout à fait ; c'est ainsi, par

1. Félix Alcan, 1900.

exemple que l'on a souvent signalé dans la peur en même temps que la paralysie musculaire, l'arrêt des sécrétions et le ralentissement de la nutrition profonde, qui se traduit parfois sur la peau par la chute des ongles et des cheveux. D'autre part j'ai pu constater, à Sainte-Anne, après une crise de colère caractérisée par une grande agitation motrice, une élimination très considérable d'urée (20 grammes pour un litre en dix heures).

Lange, dans son étude sur les émotions, avait essayé d'établir que les variations circulatoires étaient, dans chacun de nos sentiments, le phénomène primitif et essentiel. C'était par exemple la vaso-constriction périphérique et cérébrale, qui produisait, dans la tristesse, le ralentissement de la pensée et de toutes les fonctions musculaires et glandulaires, et ce ralentissement s'exprimait dans la conscience par le sentiment de gêne, de fatigue, de résignation qui est la tristesse passive.

La joie, avec ses manifestations physiques et morales, s'expliquait par un mécanisme inverse, et c'était de même des degrés dans la vaso-constriction ou la vaso-dilatation qui faisaient la peur ou la colère.

Cette conception était commode, puisqu'elle

mettait à la base de nos états affectifs un phénomène éminemment mesurable, mais la physiologie contemporaine n'accorde plus à la circulation cette place prépondérante ; elle sait que nos éléments nerveux peuvent entrer en activité et même réparer leurs pertes sans le secours du sang, et, d'autre part, ce n'est pas une loi constante qu'en activant la circulation, on active toujours la vie cellulaire ; il y a entre la cellule vivante et le milieu qui la nourrit plus d'indépendance que Lange ne le pensait.

Les variations circulatoires n'en font pas moins partie, à titre essentiel, des variations organiques qui caractérisent l'émotion ; elles favorisent ou empêchent, suivant leur nature, les oxydations et les calorifications, et elles obéissent, semble-t-il, à la même loi que le tonus et la nutrition profonde qu'elles conditionnent en partie. On peut donc compléter la définition organique que nous avons donnée de l'émotion en disant que l'activité centrifuge des centres retentit sur le cœur et sur les vaisseaux de telle manière que la circulation paraît suivre les variations de l'innervation motrice, et l'on en pourrait dire autant de la respiration thoracique.

Enfin il n'est pas douteux que nos représentations, nos associations d'idées, et d'une façon général nos états intellectuels, soient déterminés, au cours de nos divers sentiments, par l'état d'excitation ou d'atonie de nos centres psychiques. Sans doute nos colères, nos tristesses, nos joies, nos peurs peuvent être et sont très souvent déterminées par une représentation qui exerce sur notre pensée et sur nos centres psychiques une action plus ou moins déprimante ou plus ou moins tonique, et c'est la grande question de l'origine intellectuelle de nos sentiments que je n'ai pas à traiter ici ; mais une fois le sentiment constitué sous forme de joie ou de colère avec ses différentes manifestations organiques et mentales, les associations d'idées et les représentations obéissent en général aux mêmes lois que le tonus musculaire, la nutrition intime, la circulation, la respiration, et se ralentissent, s'accélèrent ou s'arrêtent suivant les mêmes rythmes.

Nous avons donc le droit de considérer un sentiment comme un fait biologique des plus complexes, où l'excitation et la dépression du système nerveux donnent naissance à des phénomènes physiques et mentaux parallèles et analogues.

Ces phénomènes, la physiologie suffit à nous en expliquer le mécanisme, et ce serait en méconnaître le caractère spontané et profond que de vouloir les expliquer, comme on l'a fait si souvent pour l'expression, par une sorte de logique inconsciente.

En somme, les grandes lois de notre vie psychologique et de notre vie biologique sont les lois de l'excitation et de la dépression, qui se traduisent par l'arrêt, le ralentissement, et l'accélération plus ou moins grande de nos fonctions organiques et psychiques ; les causes physiques et les causes morales, tels un bon repas ou une bonne nouvelle, l'inanition ou une nouvelle pénible, peuvent également, par l'intermédiaire du système nerveux, produire cette accélération ou cet arrêt, et les divers sentiments qu'on appelle la joie, la colère, la tristesse et la peur correspondent, dans leurs grandes lignes, aux oscillations de ce niveau nerveux et mental dont ils sont la conscience et la traduction affective.

Évidemment, l'idée d'excitation et l'idée de dépression n'ont pas encore, dans la psychologie et dans la physiologie nerveuse, toute la précision que l'on pourrait souhaiter, et c'est les caractériser d'une façon un peu simple peut-être que de les traduire uniquement par le ralentissement et l'arrêt de nos fonctions, mais ces deux idées n'en doivent pas moins être à la base de toutes les études de psychologie affective.

Quand on les méconnaît, on peut faire de la logique ingénieuse à propos des sentiments, on peut même faire de la morale : on fait à coup sûr de la philosophie finaliste et anthropocentrique; on ne fait certainement pas de psychologie.

ÉVREUX, IMPRIMERIE DE CHARLES HÉRISSEY

BIBLIOTHÈQUE DE PHILOSOPHIE CONTEMPORAINE

Volumes in-16; chaque vol. broché : 2 fr. 50.

EXTRAIT DU CATALOGUE

Herbert Spencer.
Classificat. des sciences. 8e éd.
L'individu contre l'État. 7e éd.

Th. Ribot.
La psych. de l'attention. 9e éd.
La phil. de Schopen. 10e éd.
Les mal. de la mém. 18e édit.
Les mal. de la volonté. 22e éd.
Mal. de la personnalité. 12e éd.

Hartmann (E. de).
La religion de l'avenir. 6e éd.
Le Darwinisme. 8e édit.

Schopenhauer.
Essai sur le libre arbitre. 9e éd.
Fond. de la morale. 8e édit.
Pensées et fragments. 20e éd.
Écrivains et style.

L. Liard.
Logiciens angl. contem. 3e éd.
Définitions géomét. 3e éd.

A. Binet.
La psychol. du raisonn. 3e édit.

Mosso.
La peur. 3e édit.
La fatigue. 5e édit.

G. Tarde.
La criminalité comparée. 5e éd.
Les transform. du droit. 4e éd.
Les lois sociales. 4e éd.

Ch. Richet.
Psychologie générale. 6e éd.

J.-M. Guyau.
Genèse de l'idée de temps. 2e éd.

Tissié.
Les rêves. 2e édit.

J. Lubbock.
Le bonheur de vivre (2 v.) 9e éd.
L'emploi de la vie. 6e édit.

Queyrat.
L'imagination chez l'enfant.
L'abstraction dans l'éduc.
Les caractères et l'éducation
   morale. 2e éd.
La logique chez l'enfant. 2e éd.
Les jeux des enfants.

Wundt.
Hypnot. et suggestion. 3e éd.

Guillaume de Greef.
Les lois sociologiques. 3e édit.

Gustave Le Bon.
Lois psychol. de l'évolution
   des peuples. 7e édit.
Psychologie des foules. 11e éd.

E. Durkheim.
Règles de la méth. soc. 3e éd.

P.-F. Thomas.
La suggestion et l'éduc. 3e éd.
Morale et éducation. 2e éd.

R. Allier.
Philos. d'Ernest Renan. 2e édit.

Lange.
Les émotions. 2e éd.

E. Boutroux.

L. Dugas.
Le psittacisme.
La timidité. 3e édition.
Psychologie du rire.
L'absolu.

C. Bouglé.
Les sciences soc. en Allem.

Max Nordau.
Paradoxes psycholog. 5e édit.
Paradoxes sociolog. 4e edit.
Génie et talent. 4e édit.

J.-L. de Lanessan.
Morale des philos. chinois.

G. Richard.
Social. et science sociale. 2e éd.

F. Le Dantec.
Le déterminisme biol. 2e éd.
l'individualité. 2e éd.
Lamarckiens et Darwiniens.

Flérens-Gevaert.
Essai sur l'art contemp. 2e éd.
La tristesse contemp. 4e éd.
Psychologie d'une ville. 2e éd.
Nouveaux essais sur l'art
   contemporain.

A. Cresson.
La morale de Kant. 2e éd.
Le malaise de la pensée phi-
   losophique.

J. Novicow.
L'avenir de la race blanche.

G. Milhaud.
La certitude logique. 2e éd.
Le rationnel.

H. Lichtenberger.
Philos. de Nietzsche. 9e édit.
Frag. et aphor. de Nietzsche.

G. Renard.
Le régime socialiste. 5e édit.

Ossip-Lourié.
Pensées de Tolstoï. 2e édit.
Nouvelles pensées de Tolstoï.
La philosophie de Tolstoï.
La philos. sociale dans Ibsen.
Le bonheur et l'intelligence.

G.-L. Duprat.
Les causes sociales de la folie.
Le mensonge.

Tanon.
L'évolution du droit. 2e éd.

Bergson
Le rire. 3e éd.

Brunschvicg.
Introd. à la vie de l'esprit. 2e éd.
L'idéalisme contemporain.

Mauxion.
L'éduc. par l'instruction. 2e éd.
La moralité.

Arréat.
Dix ans de philosophie.
Le sentiment relig. en France
La morale dans le drame. 3e éd.
Art et psychologie individ.

Fr. Paulhan.
La fonction de la mémoire.
Psychologie de l'invention.
Les phénomènes affectifs. 2e éd.
Analystes et esprits synthétiq.

Murisier.
Malad. du sentim. relig. 2e éd.

Palante.
Précis de sociologie. 3e édit.

Fournière.
Essai sur l'individualisme.

Grasset.
Limites de la biologie. 3e éd.

Encausse
Occult. et Spiritual. 2e éd.

A. Landry
La responsabilité pénale.

Sully Prudhomme
et Ch. Richet
Probl. des causes finales. 2e éd.

E. Goblot
Justice et Liberté.

W. James
La théorie de l'émotion 2e

J. Philippe.
L'image mentale.

M. Boucher
Essai sur l'hyperespace

Coste.
Dieu et l'âme. 2e édit.

P. Sollier.
Les phénomènes d'autoscopie.

Roussel-Despierres
L'idéal esthétique.

J. Bourdeau
Maîtres de la pensée contemp.
Socialistes et sociologues.

C.-A. Laisant.
L'éduc. fond. s. la science. 2e éd.

Romaine Paterson.
L'éternel conflit.

A. Réville.
Dogme et divinité de J.-C.
   3e éd.

M. Jaëll.
La musique et la psychophy-
   siologie.
Mouvements artistiques.

Fouillée.
Propriété soc. et démocratie.

A. Bayet.
La morale scientifique.

G. Geley.
L'être subconscient.

Philippe et Paul-Boncour
Les anomalies mentales chez
   les écoliers.

Jankelevitch.
Nature et société.

Dumas